世界奥秘解码

历史悬念的震惊揭秘

考古发现档案

韩德复　编著

中国出版集团
现代出版社

前言
reface

大千世界，无奇不有，怪事迭起，奥妙无穷，神秘莫测，许许多多难解的奥秘简直不可思议，使我们对这个世界捉摸不透。走进奥秘世界，就如走进迷宫！

奥秘就是尚未被我们发现和认识的秘密。它总是如影随形地陪伴着我们，它总是深奥神秘地吸引着我们。只要你去发现它、认识它，你就会进入一个新的时空，使你生活在无限神奇的自由天地里。

在一切认知与选择的行动中，我们总是不断地接触到更大的境界，但是这境界却常常保持着神秘的特点。这奥秘之魅力就像太阳一般，在它的光照下我们才能看见一切事物，但我们的注意力却不在于阳光。

奥秘世界迷雾重重，我们认识这个熟悉而又陌生的世界，发现其背后隐藏着假象与真知，箴言和欺骗，探寻奥秘世界的真相，我们就会在思考与探索中走向未来。

其实，世界的丰富多彩与无限魅力就在于那许许多多的难解的奥秘，使我们不得不密切关注和发出疑问。我们总是不断地去认识它、探索它。今天的科学技术日新月异，已经达到了很高的程度，尽管如此，对于那些无数的奥秘谜团还是难以圆满解答。

古今中外许许多多的科学先驱不断奋斗，一个个奥秘不断解开，并推进了科学技术的发展，随即又发现了许多新的奥秘现象，又不得不向新的问题发起挑战。这正如达尔文所说："我们认识世界的固有规律越多，这种奇妙对于我们就更加不可思议。"科学技术不断发展，人类探索永无止境，解决旧问题，探索新领域，这就是人类一步一步发展的足迹。

　　为了激励广大读者认识大千世界的奥秘，普及科学知识，我们根据中外的最新研究成果，特别编辑了本套作品，撷取自然、动物、植物、野人、怪兽、万物、考古、古墓、人类、恐龙等诸多未解之谜和科学探索成果，具有很强的系统性、科学性、前沿性和新奇性。

　　本套作品知识面广、内容精炼、图文并茂，形象生动，非常适合广大读者阅读和收藏，其目的是使广大读者在兴味盎然地领略世界奥秘现象的同时，能够加深思考，启迪智慧，开阔视野，增加知识，能够正确了解和认识世界的奥秘，激发求知的欲望和探索的精神，激起热爱科学和追求科学的热情。

C目录
Contents

古墓疑云

古墓是逝者的栖息地，但由于时间的久远，风云的变幻，古墓里的人或物变得很难辨认，古墓考证也由此变得枝节横生，疑云密布。

昭西陵为何在陵墙之外

昭西陵之谜

清东陵位于北京东遵化市马兰峪，距北京125千米。这座大清国皇陵始建于1661年，共有帝、后、妃陵寝14座，其中皇帝陵5座。

在这块"风水宝地"，修砌了一圈长达20000米的风水墙，与长城之北几百平方千米的"后龙"风水禁地共同构成整个陵区。然而，清东陵所有的帝后寿宫均在风水墙圈内，唯独有一座皇后陵寝，即昭西陵，建在陵墙之外，这是为何呢？

昭西陵在陵墙外的原因

按清朝祖制家法，孝庄文皇后和她的姑母孝端文皇后，即皇太极的皇后，一样归葬沈阳的昭陵，与太宗皇太极合葬方为正理。

可是孝庄文皇后在几十年中用心血培养抚育起来的儿子顺治帝的孝陵和孙子康熙帝的墓陵都建在了遵化的昌瑞山下，远离儿孙，她实在难割难舍，况且古代又有"尊者先葬，卑者不得入"的说法。

因此她在临终前给康熙帝留下了

这样的遗言：

> 太宗文皇帝梓宫安奉已久，不可为我轻动，况我心恋汝父子不忍远去，务于孝陵近地安厝则我心无憾矣。

康熙帝是大孝之人，他既不敢破坏祖制，也不愿违背祖母的遗命，因此他想了一个折中的办法，决定在孝陵之南大红门外东侧建了一座暂安奉殿，把祖母的梓宫停放在内。

这一停就是37年之久，康熙帝终生未能解决祖母的陵寝问题，1725年，雍正帝将暂安奉殿改建为陵，命名为昭西陵，于1725年12月将孝庄文皇后梓宫正式葬入昭西陵地宫。

孝庄文皇后是皇太极的妃子，她的陵叫昭西陵，从这个陵名上就可以知道这座陵与沈阳的昭陵是属于同一体系，与清东陵是两个体系，所以必须建在东陵的风水墙外，以示区分。

专家还认为，昭西陵建在风水墙外是有一定道理的，因为风水墙内，顺治皇帝已经占据了至高无上的位置，作为母亲的孝庄葬在任何一个地方，地位都会低于她的儿子，所以建在风水墙外是比较合适的。一个女人，一个昭西陵，给后人留下了多少说不完的故事，解不开的谜。

在线小知识

摄政王，即代替或代表出国的、年幼的、生病的或神志不清的君主行使国家领导权的人。通常由君主的亲族或戚族担任。如清世祖时睿亲王多尔衮摄政，宣统时醇亲王载沣摄政等。

迷雾重重的吕洞宾墓

吕洞宾与吕祖墓

吕洞宾，著名的道教仙人、八仙之一、全真派北五祖之一，全真道祖师，钟、吕内丹派代表人物。

他曾在终南山中修道，后浪游江湖，自称为"回道人"，道教徒尊称他为"吕祖"。

相传，吕洞宾的墓在永乐宫门外东约200米处。在高大的墓冢前面竖立着元代所刻的石碑，上书"大唐纯阳吕公祖墓"几个大字。

史无前例的墓葬

为了迁建永乐宫，1959年12月～1960年1月，山西省文物考古部门对吕洞宾墓进行发掘整理。不料清理现场时，竟出现了令

人惊异的现象。

在墓室内，考古工作者们看到了两具尸骨，后经鉴定得出，这是一男一女的两具尸体。

工作人员在女尸的口中和尸体的周围还发现了7枚宋代流通铜钱。这结果实在使人惊诧不已，世代相传的吕祖墓，竟然是男女合葬墓。

而根据我国的民俗，只有夫妻死后才能合葬。那么，墓中男人若为道士就不好解释了，甚至有辱道家的声名。可是经考古研究人员的研究和考证，这座墓不像是两次迁葬墓，那么当年他们是一同入土的，而那7枚铜钱又是宋代流通的货币，如此看来，这座古墓就很有可能不是吕洞宾的墓。

吕祖墓是男女合葬吗

但是，在吕祖墓附近，考古工作者又发掘了元代全真教领袖宋德方和永乐宫主持潘德冲的墓。看来永乐宫周围确实是道教先师的丧葬之地。

在这块道教圣地上，怎么会出现男女合葬墓？如果根据从古墓中得到的发现否定这座古墓是吕祖墓一说，那么，此地的旧方志中记载的永乐镇在唐代就修建吕公祠，而且还记录的唐以后历朝历代所进行的祭祀又该如何解释呢？

> 终南山，又名太乙山、地肺山、中南山、周南山，简称南山，是秦岭山脉的一段，素有"仙都"、"洞天之冠"和"天下第一福地"的美称。研究表明，终南山为道教发祥地之一。

在线小知识

令人疑惑的虞姬墓

虞姬葬在何处

虞姬是《霸王别姬》的女主人公，即项羽的爱妃。据史料记载，虞姬是一个才貌双全的女子，虞姬不仅长得美丽，舞姿也是楚楚动人，还有她的剑，也同样挥舞得风声水起，轻盈多姿。

她的故事，在历史的长河上留下了不可磨灭的烙印，感动了一代又一代人。

虞姬死后到底葬在哪里呢？现在大体有4种影响较为普遍的说法。

安徽省定远县说法

第一种说法认为，安徽省定远县是虞姬的殡丧之地。公元前202年，楚汉相争，霸王的爱妾虞姬墓，又称嗟虞墩，就位于该乡东北3000米处。

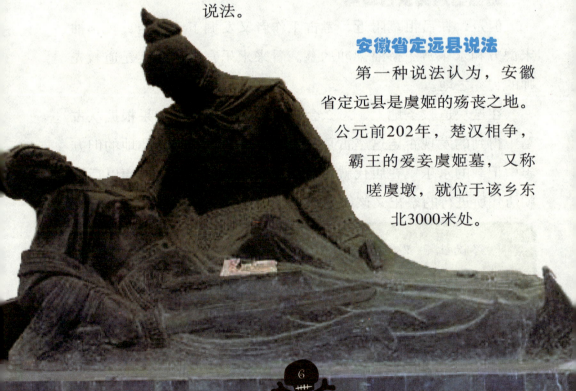

墓地为一大土堆，椭圆形，顶呈三瓣，底部直径约69米，高约29米，墓上草名为美人草。墓前原有一石碑，碑文为：

西楚霸王虞姬之墓

碑两旁有一副对联这样写道：

虞兮奈何，自古红颜多薄命；
姬耶安在，独留青冢伴黄昏。

横批：巾帼千秋

如今，定远虞姬墓历经千年，时坏时修。墓侧曾建有虞姬庙，庙内塑有项羽、虞姬像，人物造型极为生动。

虞姬柳眉杏眼，明眸皓齿；项羽气宇轩昂，刚强剽悍。塑像四周，诗词歌赋的石刻林立。

灵璧县之说法

第二种说法是把虞姬墓定在安徽省灵璧县。相传，虞姬自刎后，项羽带着她的尸体，向南奔走，不料汉兵追至，项羽无可奈何地丢下

了虞姬的尸体。后来这里出现的村庄就叫"霸离铺"意指霸王别姬之处。

项羽突围后，虞姬的尸体被来不及突围的楚兵移葬于"霸离铺"东2500米处，后来这里出现的村庄就叫"虞姬村"，两处自得名以来，至今沿袭不变。

在唐宋年间，灵璧作为京师通往东南地区的必经之道，文人墨客往往三五成群到虞姬墓前凭吊览胜，然后吟诗填词以发思古之幽情。

在今天的灵璧，人们仍能看到传说中虞姬的墓碑，上面还刻有"巾帼英雄"4个字。

对这种说法，古人也曾多次质疑，认为是后人附会的。

安徽和县说法

第三种说法是虞姬墓在安徽和县。

清代道光年间，安徽省和县的《和州志》中记录了这个说法：

美人虞姬当年自刎后，项羽将她的头系在马

脖子上突围奔骑。经过一座山下，原来插在虞姬头发上的兰花失落。

于是，后人把这座山改叫"插花山"，山上建有"插花庙"，也叫"鲁妃庙"或"虞姬庙"。

直至今天，每年农历的三月三日，当地群众都要戴着野花到插花山的虞姬庙里祈祷求子。

江苏省江浦县说法

这种说法使虞姬墓定在了江苏省江浦县。今天江浦县南25千米有一个"兰花乡"，在兰花乡南3500米桥林镇西，还有一座"失姬桥"。

相传项羽垓下突围后，到达今天江浦县的兰花乡，遇到汉兵的围追，虞姬酷爱兰花，她头插的兰花曾失落在塘埂上，从此，这塘埂附近的山坡便长满了兰花。人们就将这口塘称为兰花塘，这个地方就称为兰花乡。

以上种种说法，似乎各有依据，但又都没有确凿的证据，也就是说，虞姬墓地到底在哪里，至今还无法确定。若想解开这个谜底，还有待以后新的考古发现或其他证据证实，让我们拭目以待吧！

安徽省定远县二龙乡谭村西沿有一条从北向南的4500米长岗丘，这就是项羽从垓下败逃，被"汉兵围之数重"的古战场，山上有一个高20米的大土堆，相传为项羽爱妾虞姬墓，后人称之为虞姬墩。

在线小知识

让人生疑的香妃墓

香妃就是容妃

香妃，传说是新疆回部叛乱首领霍集占的王妃，长得天姿国色，生来身上就有一股奇香，不需香草、香汤熏洗，所以人们都称她"香妃"。清朝乾隆皇帝倾心于她的美貌，令她入宫为妃，但香妃对乾隆是宁死不从，最后被皇太后赐死。

乾隆闻讯后十分悲痛，随即下令，用软轿将香妃遗体抬回新疆喀什安葬。一些专家查阅了清宫档案之后认为，传说中的香妃，实际上则是乾隆的宠妃，也就是容妃，她是乾隆40多个嫔妃中唯一的维吾尔族女子。也有人认为，容妃是容妃，香妃是香妃，两者风马牛不相及。

香妃墓地在哪里

在新疆喀什噶尔东北郊的伊斯兰墓群中有一座香妃墓。墓旁

还停放着一架"驮轿"，传说就是当年把香妃尸体运回故乡安葬的灵轿。人们相信，美丽贞烈的香妃就埋葬在这里。

河北遵化县马兰峪清东陵妃园寝中，也有一座容妃墓。1979年10月被发掘，地宫有两个券堂组成，均为拱券石结构。在金券的宝床上，停放一红漆棺木，棺帮为盗墓人砍开一大洞，棺中已空，棺头正中有数行回文文字，意为"以真主的名义……"

棺木西侧有一具头骨，西北角又有一根0.85米长的花白发辫、青缎衬帽、包头青纱等，还有一些龙袍残片和几件织物，织物上织有"江南织造臣成善"字样，墓中还存有如意、宝石、猫眼石等。棺头文字表明墓主为伊斯兰教信徒，龙袍和猫眼石等证明其身份为妃子，由花白发辫推断死者为55岁左右，织物上"成善"皆为乾隆五十三年的织造官，可见这才是真正的容妃墓。

另外，在北京城南陶然亭的东北角也有一座大冢，碑面刻着"香冢"两个字，碑的背面，刻着一首哀婉凄切的词。

据民间传说，这才是真正的香妃墓，是在乾隆的授意下安葬在这里的，为的是他能随时凭吊。

如今留给人们猜测、凭吊的就是这样3座墓地，至于哪个是真正的"香妃"的归宿之地，却仍然是一个不解之谜。

> 在线小知识
>
> "香妃"确有其人，是阿帕克霍加的重侄孙女。香妃本名买木热·艾孜姆，自幼体有异香，被称为"伊帕尔汗"，即香姑娘。后来，她被清朝皇帝选为妃子，赐号"香妃"。

令人震惊的满城古墓

官兵意外发现古墓

1968年5月，解放军北京军区工程兵某部悄悄地开进了河北省满城县，他们将在县城西南一座海拔只有200余米的孤山上执行一项秘密的国防施工任务。

5月23日下午15时，当机电班的战士们在一个距离山顶30米处朝东地带打眼放炮时，一个奇怪的现象发生了，因为这次放炮并没有像往常那样崩下来许多碎石头。对于这一奇怪现象，战士们决定上前看个究竟。

不料，走在最前面的一名战士，突然感到双脚还没站稳便失去了支撑，随即身体又随着刚刚崩起的碎土石渣猛然往下沉去，没等他明白是怎么回事，整个人便已掉进了一个漆黑的山洞里。

黑咕隆咚的山洞中，伸手不见五指，彻骨的凉气袭人周身，特别是一股十分古怪而强烈的气味扑鼻而来，让人心生胆怯，毛骨悚然。好在这名战士倒也胆大，他并没有惊惶失措，而是稍稍稳了稳神情后，便急忙朝透着微弱光亮的地方爬去。不一会儿，这名战士便看到班长正带领几名战士也爬进了洞里。

他们打着手电走进洞里后，发现地上散落着许多凌乱而腐朽的木料，还有许多造型奇特而古怪的铁器、陶器和青铜器等。好奇心促使他们顺着洞穴往里面走去，没想到越往里走空间越大，而且地上散放着大大小小、样式古老而数不清的生活用具。这时，一个老兵说："我们可能挖到古墓了！"

经验丰富的班长反应道："对，这肯定是一座古墓，我们必须立即向上级报告。"

然后，他们选取几件自以为有代表性的器物爬出山洞，随后又将洞口重新封堵，细心的班长还留下两名战士作为隐蔽哨，对洞口实行严密的监视和保护。

班长的汇报，引起了部队领导的高度重视。一天后，一份标有"绝密"字样的情况报告和战士们带回了几件文物，便摆放在了河北省主要领导的办公桌上。

在战士们带回的4件文物中，除了3件镏金的器物底座外，还有一件刻有"中山内府"字样的青铜器，这使省领导和省文物部门的专家们感到了这一事情的重要性。

因为"中山"指的是中山国，而在中国的历史上曾经出现过两个中山国，一个是春秋战国时期的鲜虞中山国，另一个则是西汉时期的中山国。不过，无论是属于哪一个中山国时期，至少说明这座古墓距今已有2000多年的历史，这无疑将是一次重大的考古发现。

满城汉墓的经典结构

著名考古学家郭沫若专程莅临考证，确定为西汉中山靖王刘胜的墓穴。尔后，于刘胜墓北侧发出其妻窦绾之墓。满城汉墓位于满城县城西1500米的陵山主峰东坡上。

据《史记》和《汉书》记载，刘胜系汉景帝刘启之子，汉武帝刘彻的异母兄长。公元前154年，被封为第一代中山国王，满城汉代时称北平县，属中山国。刘胜死于公元前113年，在位42年，葬于满城县陵山。

另据《三国志》记载，刘胜系蜀汉昭烈帝刘备的先祖。墓室由开凿岩石而成。刘胜墓，又称靖王墓全长51.7米，最宽处37.5米，最高处6.8米，容积2700立方米。

墓室的结构是经过精心设计的。墓室顶部呈拱形，室壁呈弧形，没有直壁和直角交叉的形式，这种结构确保汉墓至今保存完好，墓室布局完全模仿地上的宫殿建筑，由墓道、通道、南耳室、北耳室、中室、后室6个部分组成。

从出土情况观察，刘胜墓的甬道、南耳室、北耳室和中室，以及窦绾墓的中室，原来在岩洞内还建有瓦顶的木结构房屋，后因木料朽腐而倒塌。两墓的后室，都是在岩洞中用石板建成的石屋、主室和侧室3部分。

主室象征内寝，内置汉白玉石铺成的棺床，上置棺椁。主室南侧的小侧室象征盥洗室。墓内有完整的排水系统。

窦绾墓和刘胜墓大体相同，全长49.7米，最宽处65米，最高处7.9米，容积3000立方米。刘胜墓墓道口以土坯封门，窦绾墓以砖封门。在砖墙、土坯墙之间又浇灌熔化的铁水，铸成一道铁墙，封闭得十分牢固。

古墓中的珍贵宝物

两墓出土金、银、铜、铁、玉石、陶、漆等器物，丝织品、银鸟篆壶和医用金针等文物10633件，其中有较高文物价值的4000余件，尤以金缕玉衣、长信宫灯、错金博山炉最为珍贵。

墓主人的两套完整的金缕玉衣，是国内首次重大发现。衣用玉片制成，玉片间以金丝编缀。金缕玉衣是汉代皇帝和高级贵族死后的葬服。

按封建等级不同，玉衣有金、银、铜缕的分别，用金缕的等级最高。据《后汉书·礼仪志》载，皇帝"玉衣"用金缕；诸侯王、列侯、始封贵人、公主用银缕；大贵人、长公主死用铜缕。

15

刘胜的玉衣长1.88米，用玉片2498块，金丝约1100克，分头面、长衣、裤、手套和鞋5部分。窦绾的玉衣长1.72米，用玉片2160块，金丝约700克，结构相同。

墓中出土的长信宫灯是一件罕见的古代艺术珍品。高0.48米，通体镀金。灯的设计精巧，宫女造型生动，灯身为一跪坐执灯的宫女，左手执灯盘，右臂袖口下垂成灯罩，灯盘短柄手转动，盘上有灯罩可以开合，可根据需要调节亮度及照射方向。

灯光的烟可通过宫女的右臂进入体内，附着于体腔而保持室内洁净。灯的各部分既是一个完美的整体，又可拆卸各部便于清洗，灯上刻铭文65字。

墓中出土的错金博山炉是一种熏炉，高26厘米，通体用金丝错出精致的纹饰。把香料放入点燃，得烟通过炉盖的许多小孔，

袅袅上升，弥漫房中，炉盖高而尖，铸成山峦重叠之形，以象征海中博山，故称博山炉。工艺之精湛，举世罕见。

满城汉墓出土文物数量多，品级高，文物科技价值和工艺价值高。满城汉墓的发掘，为研究西汉早期的政治、经济、军事和文化科学技术提供了重要的实物资料，充分体现了古代劳动人民的勤劳和智慧。

1982年7月，满城汉墓被列为河北省重点文物保护单位。1988年1月，被国务院定为全国重点文物保护单位。

> 刘胜墓中还出土了一套铁甲，它是迄今考古发掘中所见到的保存最完好的西汉铠甲。该铠甲属"鱼鳞甲"类，由甲身、短袖和垂缘3部分组成，甲片多达1500多枚。

在线小知识

世界上最大的坟墓

最大的坟墓在哪里

谈到世界上最大的坟墓，一般人都会想到埃及的胡夫金字塔。实际上，最大的坟墓是我国的秦始皇陵。

胡夫金字塔每边长约232米，高约146米，而秦始皇陵规模比它庞大得多。

秦始皇是中国历史上一位杰出的政治家、军事家，自公元前236年至公元前221年的15年中，秦国先后灭掉了韩、赵、魏、楚、燕、齐六个诸侯国，彻底结束了战国群雄割据的历史，建立了中国历史上第一个统一的、多民族、中央集权的郡县制王朝——秦王朝。

秦始皇这位叱咤风云的旷世君主，不仅为后人留下了千秋伟业，还留有这座神秘莫测的皇家陵园。

根据实地调查，秦始皇陵为夯土陵丘。内城为长形，周长2525.4米，东、西、北三面建置城门；外城为长形，周长6294米，东墙建置城门。陵园总面积为56.25万平方米，相当于78个故宫的大小。

据史书记载：秦始皇嬴政从13岁即位就开始营建陵园，由丞相李斯主持规划设计，大将章邯监工，修筑时间长达38年，工程之浩大、气魄之宏伟创封建统治者奢侈厚葬之先例。

秦始皇陵的地下宫殿

秦始皇在到处寻找长生不老秘方的同时，又驱使20万人到骊山，为自己兴建坟墓，以把生前的荣华富贵全部都带入地下。古代的帝王一般都有这种迷信思想，秦始皇当然也不会例外。

陵园按照秦始皇死后照样享受荣华富贵的原则，仿照秦国都城咸阳的布局建造，大体呈"回"字形。

陵墓建筑的核心部分是地下宫殿，位于封土堆之下。

考古发现地宫面积约18万平方米，中心点的深度约30米。陵园以封土堆为中心，

四周陪葬分布众多，内涵丰富、规模空前，除闻名遐迩的兵马俑陪葬坑、铜车马坑之外，又新发现了大型石质铠甲坑、百戏俑坑、文官俑坑以及陪葬墓等600余处，数十年来秦陵考古工作中出土的文物多达10万余件。

地下宫殿的历史记载

据历史记载，墓内建筑灌有铜液，结实坚固。墓中布置有宫殿，丞相等百官塑像按职位高低排列两旁，活像生前朝见秦始皇一样。珠玉珍宝，更是多得不可计数。又用人鱼膏做烛，在墓中燃烧，如同白昼。

为防后盗挖宝，他还令工匠制弓弩，如有人穿坟入内，弓弩便会自动放射。

秦始皇尸体入墓，将没有生子的宫女，全部活埋殉葬。为了防止工匠泄露机密，不待工匠出来，封闭墓门，工匠都被活埋在里面。

秦始皇为何将没有生子的宫女殉葬呢？他目的何在呢？目前，史学界还没有找到真正的答案。

世界第八奇迹

　　秦始皇陵是世界上规模最大、结构最奇特、内涵最丰富的帝王陵墓之一。秦始皇陵兵马俑是可以同埃及金字塔和古希腊雕塑相媲美的世界人类文化的宝贵财富，而它的发现本身就是20世纪我国最壮观的考古成就。法国前总统希拉克对它的"世界第八奇迹"的赞誉，使秦始皇陵为更多的世人所知。世界文化遗产的桂冠，为它更增光彩。

　　始皇帝陵是我国第一座皇家陵园，在我国近百座帝王陵墓中，以其规模宏大，埋藏丰富著称于世。1987年，联合国教科文组织，把秦始皇帝陵列入世界文化遗产保护目录。

在线小知识

21

埃及法老塞提墓室秘道

墓室隧道的尽头

2010年7月，埃及考古学家宣布，他们已完成埃及法老塞提一世墓室隧道的挖掘工作，在这个有着3300年历史的法老古墓中，出土一批具有重要考古价值的文物，并最终揭开众多关于这条隧道的谜。

此次挖掘工作开始于2007年，在3年时间内，考古人员将大量碎石和文物通过轨道车运到地面。考古小组经过3年的挖掘，突然遇到了一堵墙。考古人员认为，古埃及人在卢克索附近的帝王谷岩石中开凿了一条深达174米的隧道后，突然停止了工作。

埃及古文物最高管理委员会主席扎希·哈瓦斯认为，开凿工作始于塞提一世法老在位期间的公元前1294年至公元前1279年，不过，上面的墓室当时已经完工。法老塞提一世死后，这项工作

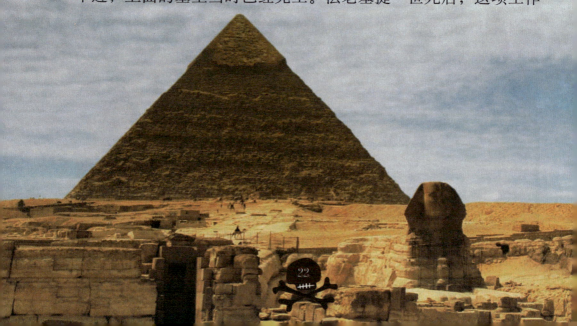

可能就停止了。哈瓦斯还是美国国家地理学会驻会探险家。塞提一世从公元前1294年至公元前1279年统治着古埃及，在位15年时间。埃及古文物最高管理委员会地区负责人、考古学家穆斯塔法·瓦兹利说："我认为他们当时计划在那里建造另一座地下墓室。这项工作很仓促地停止了。不过，楼梯的保存状况很好，这令人感到惊讶。"

进入墓室通道

在摄于1960年的照片上，有一条用砖砌成的拱道通向埃及法老塞提一世墓室下方的隧道。那时，考古人员还在清理残骸，希望到达藏有宝物的墓室。早在1817年，人们便了解到塞提一世墓室的隧道，那一年，意大利探险家吉奥瓦尼·巴蒂斯塔·贝尔佐尼在帝王谷内发现并发掘了塞提一世的墓室。

20世纪60年代的挖掘工作仅进入到墓室隧道约100米处。在最新一次探索中，为了深入隧道，考古队采取了多项新的预防措

施，最主要一项是用金属材料将隧道顶部支撑起来以防坍塌，就像煤矿开凿隧道采用的方法一样。

法老陵墓剖面图

在剖面图上，古埃及工人正在山中开凿并修饰塞提一世陵墓。由于深深嵌入帝王谷顶高耸的石灰岩质悬崖上，塞提一世墓室是难度最大、也是最值得探索的墓室，同时它还是帝王谷中最华丽、最大的法老墓室。

帝王谷还是古埃及法老图特卡蒙陵墓的所在地。在塞提一世墓室下面新发现的楼梯并不是墓室的唯一通道。2008年，专家宣布他们在塞提一世墓室发现了一条新的隧道，使得这一墓室的长度从100米扩展至136米。在塞提一世墓室墙壁上，数条蛇守候在陡峭隧道的底部。

据埃及考古学家穆斯塔法·瓦兹利介绍，这说明隧道可能从一开始就规划好了。因为壁画描述的场景可能跟古埃及《祈祷书》内容有关，在这本书中，一条蛇作为向导引导善人重获新生。除了隧道以外，塞提一世墓室其他地方都覆盖着浮雕。不过，考古学家在台阶上发现了红色涂鸦以及看似设计师的提示，大意是："把门轴向上移以扩宽通道。"

从古埃及第十八王朝开始，人形塑像就成为法老墓室的必备陪葬品，在新发现的隧道中就找

到了这样的人形塑像。塞提一世是第十九王朝的第二个法老。人形塑像通常数百个一堆被发现，古埃及人认为，这些塑像是在后世服侍法老的农民和其他劳工的化身。塞提一世墓室中发现的人形塑像年代可追溯至第十九王朝，考古人员在它们的旁边还发现了同一时期的陶器。

塞提一世密道深处

在塞提一世墓室下面新发现的楼梯并不是墓室的唯一通道。2009年8月，埃及古文物最高管理委员会主席扎希·哈瓦斯爬到了新发现的塞提一世密道深处，发现这条隧道未完工一定程度上揭开了一个考古之谜。

埃及考古学家穆斯塔法·瓦兹利说："我们希望能找到塞提一世藏起来的宝物，这是我们挖掘工作刚开始的想法。不过，当我们利用高科技仪器到达隧道的尽头后，没有再发现任何有价值的文物，所以，我并不认为他们遗留了什么东西。"

在线小知识

塞提一世是古埃及历史上最伟大的法老拉美西斯二世的父亲，塞提一世的陵墓于1817年被意大利考古爱好者贝尔佐尼在帝王谷中发现。塞提的木乃伊被认为是在皇家木乃伊中保存得最好的。

沙丘状的巴林万坟岛

世界最大的冢林

万坟岛位于1971年获得独立的巴林境内，巴林是波斯湾上的一个岛国，靠近阿拉伯海岸，面积仅706.5平方千米，人口40万，由33个小岛组成。主岛巴林岛面积562平方千米，岛上坟墓超过了17万座，被称为"万冢之岛"。

这是世界上最大的史前冢林，盘踞在巴林岛北部，位于首都麦纳麦以西，占地30多平方千米。从飞机上俯瞰，这些排列整齐的人工土丘，如同海浪一般在大地之上连绵起伏。

巴林古墓的特点

1879年，英国人初次挖掘，才知道这些土丘是坟墓。这些坟墓一层叠一层，最高达10米。古墓的历史上限在公元前3000年的青铜器时代。

由此推断，几千年来，前人之墓被泥沙埋没，后人复葬其上，从而形成这种令人称奇的景观。而在坟层之下和坟林附近，还发现了古人聚居的村落和城镇的

遗址。巴林古墓有两类：多数是单墓，比较简陋，可能是葬平民的；双墓并葬的不多，大概葬的是上层人物。双墓的坟头高出地面4.6米，直径20米，陪葬品甚为丰富，除了羊、羚羊、狗等动物的骨殖，大量的条纹陶罐、红釉花瓶、金属矛头、匕首外，还有黄金制的辟邪佩物、刻有精细花纹的青铜器、银器、驼鸟蛋壳制的饰物，以及象牙制的小盒子等。地下埋着的两座城市遗址同4000多年前的巴比伦城一样古老。

表层出土的晚期文物，有印度的陶器，地中海沿岸的天青石制品，东非的象牙制品，中国的灯碗、古钱等，说明当时对外贸易非常发达。

巴林的历史

虽然巴林没有留下史书，但从阿拉伯各国的古籍中可以看出，在公元前3000年前后，这里已有原始形态的国家组织，即狄尔蒙国。后来，这里经常发生战乱，致使城镇遭遇毁灭性的打击。再后来，巴林先后沦为葡萄牙和英国的殖民地，直至1971年才获得完全独立。

巴林的历史跌宕起伏，几度兴盛，又几度衰落，那一层叠一层的坟墓之下所埋藏的千古之谜，到底何时才能被解开？

公元前2795至公元前2739年，两河流域的苏美尔人企图打通波斯湾到印度洋的商路，故而数次摧毁了古狄尔蒙国的都城，致使这里的文明被毁灭，很久以后这里才有了新的城市。

在线小知识

遗址考证

　　建筑遗迹是一个时代、一个社会的历史缩影，也是某一时期，某一地区的历史见证。考证遗址，就是穿越历史，重新找回遗失的信息。

苏丹的小金字塔

苏丹北部的金字塔

非洲给人的印象，除了自然景色壮观、野生动植物众多外，还充满了迷惑与神秘，比如苏丹鲜为人知的小金字塔。在苏丹北部达米尔和善迪两座城市之间，有一种用红石块建造的小金字塔坐落在可以俯视尼罗河流域的高地上。

这些金字塔有20多座，其中最大的有30多米高，塔与塔之间相距很近，有的塔基几乎相连，它们的形状和埃及金字塔不一样，塔身陡直，塔基突出部分有一座拱门，里面还有一条通道。

由于这一带找不到花岗岩，这些金字塔都不像埃及的金字塔那样用砂岩建造，而且内部用砂和碎石填充，完全用石料砌成。

据历史记载，大约在公元前300年，努比亚人的政治和经济中心从纳巴塔向东南迁移，在麦罗埃建成了他们最后一个首都和

最大的城市。在城外的两条沙脊上，麦罗埃历代国王和王后们建造了40多座金字塔作为自己的陵墓，每座金字塔前都建有祠堂。但到了4世纪，麦罗埃逐渐衰亡，小金字塔也无从考查了，直至19世纪后期才被考古学家重新发现。

专家学者的争论

学者菲力普斯认为，这些苏丹金字塔和埃及金字塔的作用一样，是公元前3世纪开始的麦罗埃历代国王和王后的墓，墓就在塔下面。

有人已对该王国首都所在地进行了挖掘工作，并挖出一个规模巨大的城市遗迹：3条林荫大道和多处贵族住地。这个结论后来受到了挑战。

两位法国专家艾赫利和爱乃尔则认为，苏丹金字塔是颂扬埃及主神的巨大神龛，是赞美生活和创造的神庙，与法老陵墓之说毫无关联。

他们认为麦罗埃文化深受埃及文化影响，所以苏丹金字塔同样是宗教建筑，而非王朝历代国王和王后的陵墓。

人们普遍认为，在埃及建造巨大的金字塔是把沙子沿塔的四周堆成斜坡，这样工匠们才能顺着慢坡把巨石放到规定的位置上。因而有的学者就认为苏丹金字塔采用了同样的建筑方法。但是，德国著名考古学家欣克尔博士却认为，麦罗埃金字塔之间的距离很近，不可能使用把沙子沿塔四周堆成斜坡的方法建造。

苏丹金字塔是何人所建的呢

这些苏丹金字塔是何人所建的呢？历史文献没有明确的记

载。不少专家和学者当然认为这是麦罗埃人民的伟大杰作。还有的学者仍认为这些金字塔和埃及金字塔一样是"外星人"的杰作，因为至今仍无法想象古人能建造出如此雄伟、奇特的建筑物。

山东大学博士齐涛在《外星人之谜》一书中，认为"外星人"并没有光顾过地球，"外星人"实际上是人类的"先人"。

既然地球上没到过外星人，那苏丹和埃及的金字塔为什么会突然展现？为什么会缺少一个文明之前的过度时期？

齐涛认为，大理冰期和冰后期的洪水是解决这一问题的两个关键。从现代地质史上可以看到，人类的发展史几乎与第四纪冰期的发展史相一致。

据地质学研究，在18000年前达到盛期的大理冰期，冰川的

扩张使海平面下降了100多米，这样，大陆架上的相当一部分地区"沧海变成桑田"。

由于全球性气候干燥与寒冷，我们的祖先们便会更集中于海滨河口或其他相对湿润温暖的沿海地区。

这样，在欧、亚、非三洲之交的地中海谷地，西亚的波斯湾谷地，东南亚的马来半岛，我国的黄海和东海沿岸都孕育和出现了一个人类文明的繁荣时期。

但是在10000年前左右，地球气温上升了8～10摄氏度，这直接的后果是冰川溶化，造成一场洪水大灾难，数万年以来一直裸露的大陆架遭到灭顶之灾，这些文明的光芒被淹没了，人类又重新开创自己文明的新纪元。

对于他的新观点，看法不一，争论并未停止。

在线小知识

卡拉夫王的继位者孟卡拉王，同样也在基沙兴建金字塔，不过规模比前者为小，底部边长只有108米，高度也只有67米，而且所用的石块较重，雕琢较粗糙，可能在仓促下建成的。

墨西哥的太阳金字塔

太阳金字塔概况

美洲古代最大的金字塔太阳金字塔位于墨西哥城东北50千米处的古城特奥蒂瓦坎遗址。该城繁荣于300年至650年。金字塔可能建造于300年前后，是该城的主要建筑物之一。高达64米，边长216米，用火山石砖砌成，上面覆盖着一层灰泥。

金字塔当年曾是特奥蒂瓦坎的主要神庙——太阳神庙的基座，它的顶部原有太阳神庙，是特奥蒂瓦坎城祭祀太阳神的圣地，太阳金字塔因此而得名。

神庙的顶部还有一个巨大的太阳神像，披着金的盔甲，面向西方。这一神庙和神像今已不复存在，仅留下巨大的金字塔基座。

金字塔由6层逐渐缩小的梯形台阶组成，正面朝西，有宽阔的石阶直通顶部。底部自西向东有一条隧道通入金字塔下面，其中有一个圣窟，据推测可能是存放统治者尸体的地方。

正面底部有一座小而精致的阶梯平台，正前方有一个宽阔的广场，广场中心有一个祭坛。这些布局加强了金字塔庄严的宗教气氛。太阳金字塔以其巨大的体积、庄严的气势而闻名。与它遥遥相望的还有月亮金字塔。

月亮金字塔坐落在墨西哥特奥蒂瓦坎古城城北，是祭祀月亮神的地方。建筑风格和太阳金字塔基本一致。只是规模较小，

比太阳金字塔晚200年建成。月亮金字塔虽规模较小，但建造精细，其200多级台阶每级倾斜角度皆不相同。它坐北朝南，址长150米，宽120米，塔高46米，也分5层，外部叠砌的石块上绘有许多色彩斑斓的壁画，塔前的宽阔广场可容纳上万人。

难解的谜团

太阳金字塔中包藏着众多至今难解的谜团。1971年，人们发现，由塔西一个洞穴进入塔内的地下通道的另一端，连接着太阳金字塔正中心的4间内室组成的巨大洞穴。

除了内室中的镜子等工艺品和祭祀物外，还发现了金字塔内部用石雕水管组成的排水系统，其建造之复杂精巧，令人赞叹。

而每年春秋分中午，太阳金字塔西面第一层总会出现一道逐渐明亮的笔直阴影，光线变化时间一直为66.6秒。因此，有人将其称为永恒的时钟。

另外，该塔由下而上层层堆叠而又逐渐缩小，就像一个玲珑精致而又

硕大无比的生日蛋糕。塔的单面有91级台阶，直达塔顶。四面共364级，再加上塔顶平台，不多不少，365级，这正好是一年的天数。九层塔座的阶梯又分为18个部分。这又正好是玛雅历一年的月数。

太阳金字塔是墓穴吗

太阳金字塔是经由一条通往金字塔中心下方约6米的洞穴的

人造隧道来建造的，原先它被认为是个天然洞穴，而且被解释成这可能是奇科莫兹托克的住所，在纳瓦特尔的传说中，这是人类起源的地方。

在过去的100多年里，考古学家们在这座砂石堆砌而成的太阳金字塔上打了两条通道，但却没有发现任何墓葬。"这样对金字塔的钻探工作暂时停了下来，因为不知道下一次该往何处挖"，墨西哥国立自治大学的核物理学

家说。

现在，物理学家有望通过一个非凡的实验定位太阳金字塔内可能存在的墓室或藏宝室。

他们在金字塔下面设置了一个实验室，利用高能粒子来探测太阳金字塔的内部结构。他们把探测器安装在金字塔塔基下约7.8米处的一条隧道里。

探测器利用宇宙射线与大气的相互作用产生的持续不断的介子束，由于一定量的已知物体所吸收的介子微粒量是固定的，所以宇宙射线探测器通过接收穿过岩体的介子束的疏密程度，便可以判断出金字塔内部是否存在空洞，那么，墓室存在之谜也就解开了。

如今，无数的考古学家前来此地，想找出这座约2000年古城的最初建造者，又是谁用何种方式统治过它？它最初的名字是什么？以及它又是为什么被放弃？

虽然至今一切问题都还没有答案，但考古学家坚信，如果太阳金字塔是一座陵墓，它必定隐藏着统治者的巨大秘密，这些秘密是什么呢？这还有待进行深入的发掘研究才能找到答案。

太阳金字塔和月亮金字塔是特奥蒂瓦坎古城遗迹的代表性建筑。这座墨西哥城东北方向40千米的宏伟古迹，让15世纪重新发现它的阿兹特克人惊为神迹，称其为"众神之都"。

金字塔惊人的学术之谜

胡夫金字塔的特点

在古代世界有七大奇迹，埃及的金字塔被誉为"七大奇迹"之冠，其中最为壮观的一座叫胡夫金字塔，它约建于公元前2700多年。

塔高146.5米，塔基每边长230.6米，占地约52900平方米，总重量684.8万吨。塔身用230万块巨石砌成，平均每块重10吨，石块之间不用任何黏着物，而由石与石相互叠积而成，人们很难用一把锋利的刀片插入石块之间的缝隙，时近5000年，这是人类有史以来最大的单个人工建筑物。

胡夫金字塔内部特点

室内仅有一具深褐色磨光的大理石石棺，棺内空空，棺盖去向不明。墓室上方有5层房间，最高的一层顶盖是三角形的，为的是把上面压下的重量均匀地分布在两边。同时，墓室还有砌筑在石块中的通风道。

胡夫大金字塔外形庄严、雄伟、朴素、稳重，与周围无垠的高地、沙漠浑然一体，十分和谐。它的内部构造复杂多变，匠心独具，自成风格，凝聚着非凡的智慧。

该金字塔历经数千年沧桑，地震摇撼，不倒塌，不变形，显示了古代不可思议的高度科技水平与精湛的建筑艺术。联合国教科文组织因此把它列为全世界重点保护文物之一，成为古埃及文

明的象征。

金字塔的数据特点

自重 × 1015 = 地球的重量。

塔高 × 10亿：地球到太阳的距离

（塔高）× 2 = 塔面三角形面积

底周长：塔高 = 圆围：半径

底周长 × 2 = 赤道的时分度

底周长 ÷（塔高 × 2）= 圆周率

你相信，这些数字仅仅是巧合吗?

另外，延长在底面中央的纵平分线，就是地球的子午线，这
条线正好把地球的大陆和海洋平分成相等的两半；金字塔的塔基

39

正位于地球各大陆引力中心；大金字塔的尺寸与地球北半球的大小，在比例上极其相似。

地球两极的轴心位置每天都有变化，但是，经过25827年的周期，它又会回到原来的位置，而金字塔的对角线之和，正好是25826.6这个奇怪的数字。

人们苦思冥想，如果不是巧合的话，4500年前的古代埃及人怎么有如此精确的测算呢？

阶梯金字塔

阶梯金字塔位于开罗南部30多千米外的萨卡拉城。这个由多个金字塔和庙宇组成的建筑群，修建于公元前2700年。

埃及金字塔雏形：阶梯金字塔的设计人是被称为"智慧之神"的伊姆霍泰普，他是古埃及国王左塞尔的宰相。正是他设计了一层层"天梯"似的金字塔雏形，并且将陵墓内室设计得异常复杂，使盗墓人无从下手。

阶梯金字塔周围有许多走廊和通道，陈列着雪花石膏和岩石器皿。在有些走廊的墙上，还雕刻有很多饰物，上面镶嵌着青蓝色的类似陶瓷的饰品。

阶梯金字塔不仅是埃及最早的金字塔，它也是世界上最早用石块修建的陵墓。

弯曲金字塔

弯曲金字塔是公元前2600年由埃及第四王朝第一位法老萨夫罗修建的，位于距离开罗西南27千米处的萨卡拉地区。

它是仅存的表面平滑金字塔之一。这种金字塔的表面因保留了金字塔原始的石灰岩外壳而显现出了金字塔最原始也最为光彩的一面。

这个高105米的金字塔在塔身超过一半高度的时候角度突然出现变化，由52度倾角变为43.5度倾角，也因此使得整个金字塔弯曲了起来，远看与中国的坟冢有些神似。

红色金字塔

红色金字塔是弯曲金字塔的主人萨夫罗的另一座金字塔，就坐落在弯曲金字塔附近。它被认为是埃及最古老的"真正"的金字塔。

使这座金字塔出名的原因很显而易见，那就是它所采用建筑材是红色石灰。它淡红色的外观为它赢得了"红色金字塔"或"玫瑰色金字塔"的美号。

在线小知识

金字塔大部分是用石块堆积而成，质心接近基座，层级越高使用材料越少，这样可以有效抵挡自然灾害。由于从侧面无论哪个角度看上去都像中国的汉字"金"，故被称作金字塔。

我国最大的古崖居

延庆古崖居的文化

古崖居，一个千古之谜的人文遗迹。它坐落在京郊延庆西北部山区一条幽静的峡谷中，它是由一支不见史志记载的古代先民在陡峭的岩壁上开凿的岩居洞穴，计有117个。此遗址已被评为北京市风景名胜区，是北京市重点文物保护单位和全国青少年教育基地。

延庆古崖居也被称之为"中华第一迷宫"，是由古代先民在陡峭的山崖上凿建的居室。它是目前北京地区发现的规模最大、档次最高的古人洞窟聚落遗址。其开凿年代和用途至今仍是众说

纷纭，莫衷一是。

1990年被北京市文物局列为市级文物保护单位，对于研究北方民族文化、历史、习俗提供了依据，正吸引着越来越多的专家学者，求知欲强的青年和乐于寻古探奇的游人。为了加强对这一人类历史文化遗产的保护，建立古崖居古人类遗址保护区，具有深远的意义。

崖居的构造特点

崖居依其开凿的石室位置所形成的自然村落可以分成前后两个区域。前沟南北东三坡凿有91处石室，后沟东坡一处凿有26处石室，共计117处石室。

这些石室的洞口毗邻，位置错落有序，石室一般高1.8米，呈长方形或正方形，其中以一明两暗的3套间居多。全部石室分

布成楼层状，层与层之间有石蹬、石梯和栈桥相连。

走进古崖居，可以看到，古崖居留有许多的人类生存痕迹，例如门、窗、壁橱、灯台、石炕、排烟道、石灶和马槽。有炕的是居室，炕宽可容两人；有马槽的为马厩，一般可容四五匹马。

这些洞穴或呈长方形，或呈正方形，还有的为圆形；有单间、套间及三套间；有的上下相通，有的左右相连；各个洞穴内分别凿有石门、石窗、石炕、石灶、马槽、壁橱、气孔、排烟道、廊柱等，一应俱全，且布局十分合理。

其中，有一处开凿相对豪华的居穴被称为"官堂子"，它建造得相当精巧，而且位于最高处。在宽敞的大殿内，四根雕凿细致的石柱撑起洞顶，中间一张宽大的石床，内有石桌石凳，不用说，这是头领的住处。

古崖居有什么用途呢

这些珍贵的石窟是在什么时候，由哪个中央政府组织开凿的？有人认为，应是唐朝朝廷的杰作。

首先，唐朝朝廷在幽州驻扎有大量的驻军，曾经为这些驻军从漕运和海运输送过大批粮食等军用物资，而在幽州城里却没有建造大规模的仓库；第二，延庆是当

时驻军的重镇之一，也没有大规模的仓库。驻守幽州和延庆等城堡的9万人军队的粮食都存放到了古崖居及其周围的类似石窟之中了。

　　人们在大山之中开凿出来的大量石洞，是干什么用的？许多专家认为，这些石洞是少数民族民众和汉族民众避难居住的场所。也有人认为，这些石洞的数量虽然很多，但是绝大多数的石洞却没有供人居住的设施，只有极个别的洞穴中存有石床的遗迹。显然，这些洞穴的主要功能是用来储藏物品的。

古崖居的建造者是谁

　　那么，谁有能力在深山之中开凿出如此大量的石窟呢？专家测量发现，几乎所有的房间高度，基本都在1.7米至1.8米之间，在今天来看普遍偏低。古崖居层高这么矮，会不会在这里面生活的是一群小矮人呢？

　　根据以往的研究，人们相信，居室的大小、高矮一定与住在里面的人密切相关。发现在古崖居里面，所剩的东西不是很多，和人之间能够产生关系的就只剩下一个火炕。大家研究后发现，火炕的长度很不一致：有一米多长的，也有两米多长的。但是，大多数的宽度都在1.6米左右。我国北方火炕的宽度往往能够反映出使用者的身高。由居室的高度与火炕的宽度可以推测：古崖

居的主人平均身高在1.6米左右。

另外，专家还发现了一个很有意思的现象，古崖居的房间都是坐东向西，这很不合常理。古崖居的建造者，深处北方这样一个比较冷的环境之下，他们居然舍弃了阳坡，而把房子盖在了背阴处，的确让人很难理解。

在测量火炕的同时，又有了一个意外的发现：火炕的分布不平均，前山与后山差别很大。前山洞穴面积比较大，而后山火炕、马圈都比较齐全。

不可思议的是，古崖居整个山体都是花岗岩石结构，古人如何能把这一整座石头山开凿成一幢"大楼"？在屋内墙壁上可以看见一道道刻痕，专家们疑惑，使用古代的铁质工具，能完成这样的工程吗？神秘的建造者又是谁呢？

在线小知识

1984年，北京延庆县文物管理所前任所长程金龙，在村民的带领下，发现了规模庞大、整整齐齐的一排排洞室，这就是古崖居。在历史文献中，没有任何与这些石屋相关的记载。

秦始皇陵兵马俑和铜车马

秦始皇陵的兵马俑

1974年，陕西临潼县宴寨乡西杨村农民在秦始皇陵墓东侧打井时，惊奇地发现了一些和真人大小相仿的秦俑。此后，新的发现越来越多，发掘的规模和范围不断扩大，经国务院批准，于1978年成立了秦始皇陵兵马俑博物馆。

发现并且确认的秦始皇兵马俑坑一共有4个。1号坑规模最大，埋藏了大约6000个兵马俑。另外还有一个4号坑，是一个未完成的坑。一次出土这么多陶俑，在世界上也是仅有的。

因此，其被人称为世界"第八大奇迹"。

秦俑敢死队为何不戴头盔

然而，一些考古专家提出了一个令人费解的现象，兵马俑中的士兵没有一个人戴头盔，是什么原因使得这些冲在战争第一线的士兵和将领不戴头盔？

秦国能够统一六国，为什么连头盔都不给士兵配备？

西北大学历史系主任、秦汉史专家徐卫民教授认为，秦国本身就是个崇尚武力的民族，这就好比日本崇尚武士道精神一样，都是一个民族的精神。

《史记》上说：秦，带甲百万。意思是有百万身披盔甲的军队，这里的甲也仅仅是指盔甲，但是却不包括头盔，不同的兵种穿的盔甲不同，基本上这些盔甲是皮质的，很简洁，这些都是为了显示出他们的尚武的精神。不仅如此，司马迁在《史记》中也同样记载：战场上的秦军竟然袒胸赤膊，索性连仅有的铠甲也脱掉了。

秦始皇陵的铜车马

1980年，在秦始皇陵西侧发现了两辆用青铜制作，以4匹马拉的战车，车体上绘有彩色纹样，马为白色，彩绘时所用颜料均

为用胶调和的矿物颜料，利用胶的浓度塑造出立体线条。

车、马和俑的大小约相当于真车、真马、真人的1/2。它完全仿实物精心制作，真实地再现了秦始皇帝车驾的风采。车马均有大量金银装饰。这两辆铜车马都是事先铸造成形，然后经过细致加工的，工艺水平相当高。

铜马身上璎珞和链条用的铜丝直径仅半个毫米左右，有的更细。据考古工作者推测，铜车马坑可能只是秦始皇陵陪葬坑组成的一部分。

　　至今，铜车马上的各种链条仍转动灵活，门、窗开闭自如，牵动辕衡，仍能载舆行使。秦陵铜车马被誉为我国古代的"青铜之冠"。

　　秦始皇陵铜车为单辕双轮车，辕长2.46米，轮径为0.59米，车体分前后，平面呈凸字形，凸突部分是驭手所坐之处。可以见到跪坐着的铜御者。车室的后面有门，左右与正前有3个窗户。

我国现存考古之最

最大的古代窖藏粮仓

根据史书记载，隋朝为了储存由全国各地运到东都洛阳的大批粮食，605年至618年在宫城东北建含嘉仓城。到了唐代，又对含嘉仓不断修筑、扩大，成为当时大型官仓之一。

1971年，河南省考古工作者对含嘉仓进行了调查和发掘，地点在紧靠今洛阳老城区的北侧，全城北墙与洛阳隋、唐故城的北墙正相吻合，城内粮窖分布相当密集，东西排列成行，行距一般为6米至8米，部分行距仅3米左右。窖与窖的间距一般为3米～5米。在仓城中部发现的一个粮窖，还存留着当时储藏的谷子。

粮窖的形制、结构十分科学，既能防潮、防鼠患、又能防盗和防火。大体是先从地面向下挖土窖，夯实，再用火烧烤。窖壁下部呈黑红色，相当坚硬。然后铺一层用红烧土碎块和黑灰等拌成的混合物作为防潮层，在防潮层上再铺一层木板层或木板和草的重叠混合层，在木板上又铺一层席

子。从窖底至窖口，窖壁都围上壁板。壁板横行排列，直接镶砌在窖壁上。板的一端平齐，另一端削成尖状，或两端均削成尖状，相互穿插交错拼在一起。

粮窖顶部结构，是先用木板搭成由中心向周围撑开的木架，架上平铺一层席，席上再用草束聚成圆锥形草顶，在草顶上又涂一层很厚的混合泥。考古工作者按照窖内现存谷子的总储量推算，当年这个窖能储放粮食约25万千克。

在含嘉仓窖内发现了大量的砖刻铭文，上面记载着窖穴的位置、编号、储粮来源、品种、数量、入窖年月以及管理人员的姓名和官职等。但是，那些铭文又是谁刻上去的呢？又是怎么刻的？有专家估计，当粮食进窖一次，也就在砖上刻一次，作为登记备查之用。含嘉仓的储粮，主要是当时华北运去的税粟和江南地区运去的税糙米。现在的窖建屋已成为我国现存古代最大粮窖的陈列馆。

现存最大的青铜器

我国现存的最大一件青铜器，是1939年3月在河南省安阳县武官村出土的后母戊鼎（司母戊鼎）。

后母戊鼎，自鼎足至立耳通高1.33米，器口长1.1米，宽0.78米，重达875千克。整个形体雄浑凝重。方唇，上有一对立耳。深腹，下部微收。平底。四柱足，足内空。腹面四周边框饰商周时期的兽面纹。上下边框中间有短扉棱，鼎腹四角都在扉棱。鼎足上部饰兽面纹，并有扉棱。

造型大方、精致，给人以庄重肃穆的感觉。在鼎腹一侧内壁铸有"司母戊"三字，排列成品字形，笔势劲健。因此称之为司母戊鼎。有的古文字学家认为司字应释读后字。所以也有人称之为后母戊方鼎。

鼎是上古时代祭祀用的一种金属器物，后母戊鼎是商王文丁为祭祀他的母亲戊而制作的。

1976年，在河南省安阳小屯村殷墟遗址内发掘了商王武丁的配偶妇好墓，墓内出土了一对司母辛方鼎，通高0.8米。这一对方鼎的形状和司母戊方鼎十分相近，前者仅仅小了一点。鼎内所铸铭文的字体也很接近，说明后母戊鼎的年代应与妇好墓相距不远。据考古学家、历史学家考证，武丁的另一个配偶恰好是妣戊。

据此推断，后母戊鼎应该是武丁之子商王祖庚时期的彝器，距今已有3000多年了。它不仅是我国现存最大的一件青铜器，也是世界各地青铜时代文化中少见的大器物。

1939年，后母戊鼎出土后，当地村民恐被外人掠走，又重埋入地下，1946年6月再次掘出，可惜当时已失去一个立耳。

现在我国历史博物馆陈列的后母戊鼎上有一个立耳足修复时是照着另一个立耳铸成，并安装上去的。

后母戊鼎是怎么铸成的呢？据考古工作者研究，鼎是由组芯的造型方法铸造出来的。这种造型方法是先用土塑造泥模，用泥模翻制陶范，再把陶范合在一起灌注铜液。司母戊鼎结构复杂，耳、身、足分别铸成后，再合铸成一个整体。

从鼎的铸痕来看，鼎身由8块范铸成，鼎底由4块范铸成，每条鼎足由3块范铸成。

另外，按每个坩锅熔铜12.7千克计算，875千克重的司母戊鼎，需七八十个坩锅同时并熔。每个坩锅燃炭、观火色、运料、运铜液等项工作需要三四人，七八十个坩锅则要二三百人同时协作。这说明了商代晚期青铜冶铸工场的规模已经相当大，同时也反映了当时组织生产和管理生产的高度水平。

回洛仓于606年筑成，故址在今河南洛阳市隋洛阳故城北3500米，仓城周围5000米，用300个窖储积粮谷。619年，瓦冈农民起义军多次攻破此仓，并以此为据点向洛阳发起进攻。

在线小知识

让人眩晕的四只眼

奇怪的神像

北京密云古北口有个潮关村，这里三面环水，景色优美。小村庄里有一座与环境极不协调的破旧古庙，名叫瘟神庙，远近闻名，据说庙里有幅神奇的画像，所有站在这幅神像前的人都会感到一阵阵的眩晕。

据当地人介绍，瘟神庙建于明朝，因为潮关村位于现在潮河边上，过去这条河叫鲍秋水，几百年前，鲍秋水几乎每年都会泛滥，都会有各种瘟疫传播给当地百姓。所以当地人便修建了瘟神庙，企盼能避开瘟神给他们带来的不幸。

人们的亲身体现

有人不相信，但当他们走进庙中时果然发现如人们互相传说的那样，于是一种不祥的预感在村民中弥漫开来，很长时间村里无论大人小孩再也没人愿意走进庙中。

古北口历史文化研究会的人员第一次走进庙中，在距离3米远的距离观看四目神像后，也体验到了村民所说的眩晕感。这幅神像并没有放在庙堂中心，而是位于不起眼的墙角位置。

有关研究者说，这个让人感到眩晕、害怕的四目神像是方相神。传说方相神是一个非常吉祥的神，承担着驱逐危险力量、保护人间安全的职责，在我国现存的壁画中，只出现在山西芮城县的元代永乐宫中和北京延庆

眼科教授的解释

北京大学人民医院眼科教授牛兰俊认为，四目神像让人感到头晕的秘密其实在他的4只眼睛上。

在正常情况下，人们看神像最先看到的都是神像的眼睛，被看中的神像眼睛落入人眼的黄斑中心窝时，可视效果最清晰。

但是，因为神像有4只眼睛，人眼在和神像的眼睛对视时，眼睛接受的光线很难找准。大脑在信号传递的时候，就会让人产生一些错觉，人们便不停地调整眼睛的各种肌肉，从而导致被看中的目标没有落入人眼的黄斑中心窝，因此产生视觉混淆和复视，产生眩晕感。

至此，有关瘟神的秘密被揭开。

在线小知识

古北口村位于长城脚下、潮河之滨，是首都的西北大门。村域内有保存完好的原生态自然风光，同时还拥有丰富的人文景观，优美的自然风光和丰富的人文景观是祖宗留给古北口的财富。

57

紫金庵额鼻人塑像

紫金庵的罗汉像

紫金庵坐落于太湖之滨的江苏省苏州东山风景区。这座始建于唐朝的古刹虽然规模不大，却以塑技高超的神佛罗汉像而闻名古今中外。明朝大灯和尚诗说："金庵罗汉形貌雄，慈威嬉笑惊神工。当年制塑出奇巧，支那国中鲜雷同。"

1761年，清朝所立紫金庵《净因堂碑记》记载："罗汉像怪伟陆离，塑出名手，精神超忽，呼之欲活，苏杭山中诸大刹之佛像，均未有如金庵者。"

奇怪的额鼻人塑像

庵里的佛像造型精致，栩栩如生。然而，最使人感到惊奇的是，在这10多尊罗汉像中竟有额鼻人塑像。

所谓额鼻人，顾名思义，就是人的鼻梁从两眼之间向上延伸穿过额头达到脑顶，在额头上形成一道凸起，所以叫额鼻人。这种人在现实世界中

当然是没有的，但在拉丁美洲历史上的玛雅文化中却出现过。在当地考古发现的妇女和武士的塑像明显地具有额鼻人的特征，在玛雅古墓石椁中殉葬的玉石头像也具有这种大而长的鼻梁。

在紫金庵的塑像当中，至少有两尊明显地显现出额鼻人的典型特征：一尊是持轴山中注荼丰托迦第十六尊者；另一尊是广胁山中因揭陀第十三尊者。那么在与拉丁美洲相距数万里之遥的我国苏州怎么会出现额鼻人的塑像呢？

考古学者的看法

考古学者认为，紫金庵塑像的最大特点就是具有高度的拟人性。国内一般的佛像大多数是双耳垂肩、两眼微闭、面带微笑的同一面孔。而紫金庵塑像却不同，除了有人的动作外，它还具有不同人种的特征：

东胜身洲第三尊者是一个大眼、宽鼻、蓝胡子的黑人；半渡波山那伽犀那第十二尊者是一个戴耳环的红种人；而钵刺拿洲第八尊者则是典型的阿拉伯人面孔。

这不能不使人联想到，这些佛像或许是以当时实在的真人为模特塑造的，也可能和当时的某种

文化交往相联系。

雷潮夫妇是怎么构思的

　　据记载，紫金庵的罗汉像是南京民间雕塑名手雷潮夫妇的作品，迄今已有800多年的历史。

　　那么雷潮夫妇是以什么人为模特，凭着什么人的形象构思创作出额鼻人塑像的呢?

　　其一，它可能是唐宋时期国际文化交流的产物。众所周知，唐朝是我国历史上国际交往的鼎盛时期，当时世界许多国家的商贾通过丝绸之路、云南和西藏的古驿道、海上丝绸之路……源源不断来到我国，把当时世界其他国家的文化带进了我国。

　　雷潮显然会受这些文化的启发，表现在紫金庵的塑像中，产

生了黑人、红种人、阿拉伯人等模样的塑像。这些文化交往中，有可能把玛雅文化带进我国，从而使雷潮能够有塑造额鼻人的形象依据。

其二，它可能是我国古文化的遗留物。也许在古人类时代，华夏大地上的众多原始部落中有一个部落以额鼻人为自己的图腾。后来，为了寻找更广阔的生存空间，这个部落的一部分人漂洋过海，在美洲形成玛雅人和玛雅文化。

留在华夏大地上的这部分人，或因为种种原因而衰亡，但其残存的文化遗产中，可能会有一点给雷潮以创作灵感。以后，额鼻人文化完全消失了，额鼻人塑像也因战乱、灾害而毁灭了，只剩下紫金庵这个小角落里还遗留了一点。

上述假设有依据吗？有的。因为我国历史上连绵战乱，文化清剿，确实毁灭、破坏了大量的历史文物和文化。而玛雅古建筑中有的类似亚洲的古建筑，如所谓的玛雅"金字塔"，与其说像埃及金字塔，不如说是更像我国天坛那样的祭坛，并且具有相同的使用功能。所有这些都隐示着玛雅文化以及印第安文化和亚洲华夏文化的联系。

其三，有可能紫金庵额鼻人塑像是外星人形象的再现。有人认为，玛雅文明是天外来客创造的。其依据是，在玛雅文化的考古挖掘中不仅发现了大量独特的额鼻人塑像，还在玛雅古城巴林卡遗迹中发现一具石棺，棺盖上的浮雕图案上有一个额鼻人坐在一个炮弹样的装置里，手中紧握着类似操纵杆状的机械，据分析这是个火箭图。

当然，这不可能是玛雅人在乘火箭，而可能是玛雅人将看到的火星人驾驶火箭的形象雕在棺盖上，那么，紫金庵额鼻人塑像有没有可能也是

外星人的形象呢?

从我国史料对"不明飞行物"的记载来看,在雷潮塑额鼻人塑像时曾有飞碟出现,并且地点也如此接近,这使人不能不想到它们之间有着某种联系。

多年后,这种传闻流传至雷潮耳中,他以此形象制作了紫金庵塑像。

总之,现实情况和种种文献资料显示,紫金庵额鼻人塑像不可能是雷潮凭空想象的产物,而是我国,甚至世界的某种文化的产物。但现在要想验证这种说法,还不是轻而易举的事情。不过,我们相信在将来的某一天,它一定会真相大白的。

在线小知识

雷潮夫妇都是宋代塑像名艺人。浙江临安即今杭州人。相传浙江杭州西湖净慈寺五百罗汉,江苏苏州震泽紫金庵十六罗汉,系出其手。诸佛各现妙像,顾盼睇眄,奕奕有神。

历史悬念

　　人类社会的历史由于时间悠久，环境变化，给后人留下了无数的悬念，如人类起源的悬念，楼兰古国的悬念，耶稣死而复生的悬念，等等，这些悬念使历史变得扑朔迷离、莫测高深。

肯尼亚新古人类化石

发现人科成员化石

肯尼亚国家博物馆宣布，1984年2月23日，一批科学家在巴林戈湖以西的塔巴林发现了500万年前的一块人类化石，这是迄今为止世界上发现的最早的人类祖先的化石。

这块化石带有两个臼齿的上颌碎片。它在形状和大小上同南方古猿阿法种相似，南方古猿阿法种距今约300万至400万年。

发现这块化石的重要意义在于，它填补了约1700万年前至约370万年前人类起源化石记录的空白，这是人类从类人猿中分出来的时期。

再现直立人骨骼化石

1984年10月18日，肯尼亚国家博物馆馆长利基博士宣布，在肯尼亚北部图尔卡纳湖西岸发现了160万年前一具最完整的直立人骨骼化石。

直立人是早期人类的祖先。发现的这具骨骼化石是一个12

岁的男孩，高1.63米。这就证明直立人实际上同现代人一样高。直立人化石最早是在印度尼西亚的爪哇岛发现的，后来在我国发现北京猿人。

人类起源于非洲吗

1974年，考古学家在埃塞东北部曾发现350万年前的古人类化石"露西"，其后又在这一地域发现发掘出大量200万年至300万年前的古人类化石以及400多万年前的类人猿化石，这些都比"北京猿人"更久远。

由此，1987年，国际学术界形成了较普遍的看法，即古人类的始祖在非洲。然而，"肯尼亚平脸人"的出现打破了人们原先对于人类各部分进化顺序的推断，从而认定人类起源于肯尼亚。

但是，有一部分人不认同这一观点，毕竟一具化石的分量还不足以改变人们的传统观念，也就是说，它还需要更多的证据来证实、验证。

> 南方古猿，由于其已经能够直立行走，故属于人的范畴，分类上属于人科的一个属。
> 南方古猿包括阿法种、非洲种、鲍氏种、粗壮种、羚羊河种、湖畔种等。

在线小知识

历史悬念 Lishixuanni

67

失踪千年的楼兰美女

美女的相貌特征

在新疆孔雀河下游的铁板河三角洲，曾发现了一片墓地，墓中出土有一具中年女性干尸，体肤指甲保存完好。她有一张瘦削的脸庞，尖尖的鼻子，深凹的眼眶、褐色的头发披肩。

她身上裹一块羊皮，毛织的毯子，胸前毯边用削尖的树枝别住，下身裹一块羊皮，脚上穿一双翻皮毛制的鞋子，头上戴毡帽，帽上还插了两支雁翎，透过木乃伊，仍可以找出死者生前典型的新疆美女特征，因此被世人称为"楼兰美女"。

经用她身上的羊皮残皮做碳－14鉴定，表明是一具距今3800年的古尸。她是谁？为什么会在这荒无人烟的地方？就成为考古界的谜。

历史上的发现

1980年，新疆发掘出一具女性干尸，这是至今为止新疆出土古尸最早的一具，距今约有3800年的历史。

科学测定该女子死时为45岁左右，生前身

高1.57米，现重10.1千克，血型为O型。

出土时，她仰卧在一座典型风蚀沙质土台中，墓穴顶部覆盖树枝、芦苇，侧置羊角、草篓等。

古尸身着粗质毛织物和羊皮，足蹬粗线缝制的毛皮靴。发长一尺有余，呈黄棕色，卷压在尖顶毡帽内，帽插数支翎，肤色红褐色富有弹性，眼大窝深，鼻梁高而窄，下巴尖翘，具有鲜明的欧罗巴人种特征。

有关学者的说法

曾经显赫一时的楼兰美女与其楼兰古国一起消失在大漠黄沙中，关于楼兰古国消失之谜一直是众说纷纭，没有定论。

据有关学者考证，共有以下说法导致了楼兰古国和楼兰美女的消失：

一是楼兰消失于战争；二是衰败于干旱、缺水，生态恶化；三是与罗布泊的南北游移有关； 四是与丝绸之路北道的开辟有关；五是被瘟疫疾病毁灭；六是被生物入侵打败。

当时，一种从两河流域传入的蝼蛄昆虫，在楼兰没有天敌，生活在土中，能以楼兰地区的白膏泥土为生，成群结队地进入居民屋中，人们无法消灭它们，只得弃城而去。

碳-14是碳的一种具放射性的同位素，生物由于需要呼吸，其体内的碳-14含量大致不变，生物死去后会停止呼吸，此时体内的碳-14开始减少。通过测碳-14含量，可以估计古物的大概年龄。

楼兰美女是自然干尸吗

田琳研究员的发现

新疆博物馆长期从事古尸处理和研究的人员田琳，在对"楼兰美女"进行保护处理时，意外发现她身上有蛋白质类涂敷物。只是因为这层涂敷物涂得比较薄，又历经了3800年的岁月沧桑，所以很难被人发现。

文物专家这一新发现，初步否定新疆古尸是自然干尸的公认论断，引起了国内外有关专家的极大关注。

楼兰美女的特征

楼兰美女是我国最古老、保存最完好的女性干尸。这具干尸还是我国目前寄生虫学研究中，保存的最早的实物标本，考古工作者给其冠以"楼兰美女"的美称。

医学专家对楼兰美女的尸体解剖发现，其心、肝、肺、脾、膀胱、大小肠、子宫等内脏都有保存，只是变得干硬、萎缩。其头发尚有弹性。肺外形也可辨认，肺泡腔内有成堆的黑色尘粒，反映出她生前处于一个风沙很重的环境。

考古研究员的争论

新疆文物考古研究所的研究员，对沉睡沙海3800年而保存完好的楼兰美女，最早提出了自然干尸论断。

这里气候干旱，多热风沙，使尸体来不及腐烂即已迅速脱水变干，减缓了肌体的氧化；墓地建筑在高于地面7米至8米的高台

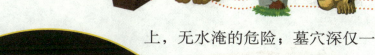

上，无水淹的危险；墓穴深仅一米，尸体上面的覆盖物为砂土、芦苇秆和红柳树枝，易于透风和水分蒸发；死亡时间在冬季，严寒的气候限制了细菌的活动。

然而，楼兰美女身上的涂敷物，就有可能打破这种论断。有的专家认为，给尸体涂敷某种物质也许是一种葬俗。

而不少专家面对楼兰美女身上的涂敷物，分析说，当时当地人们可能已经认识到通体涂敷这种动物性蛋白质，有利于尸体长期保存。

这种做法与古埃及人工精细处理干尸的方式还有某些相似之处。目前，关于楼兰美女是自然干尸，还是药物涂抹后形成的这一问题，有关科学家还在做进一步的研究，相信在不久的将来，真相一定会大白于天下。

1985年，在新疆南部的且末县出土了一具婴孩干尸。这具婴尸距今约3000年，年龄不到1岁。婴儿的双眼均盖有长0.03米、宽0.02米的小石片。这是一种保护灵魂免遭散佚的习俗。

耶稣裹尸布是真的吗

耶稣裹尸布的公开

1898年，意大利报纸向天主教徒们宣布亨伯特国王的一项决定：5月1日在都灵开幕的神圣艺术博览会上，他将批准把人们习惯称为"耶稣裹尸布"的那块布料公开展出。要说这一消息轰动了许多人，那肯定是言过其辞了。当时，人们对耶稣裹尸布的重视程度十分有限。人们把它看成是散布于基督教民族各地的众多圣物之一，其价值主要决定于各代信徒对它们的崇拜程度，因为信徒们比较注重朴素的信仰，而不大关心真实性。

奇特的裹尸布

由萨瓦家族自15世纪中叶以来所保存的耶稣裹尸布到底是件什么物品？那是一块布料，宽1.1米，长4.36米。它放在一个金属箱子里，箱子有几道锁，只有同时得到都灵大主教和萨瓦家族族长的批准，才能打开箱子。而在1898年，萨瓦家族的族长就是意大利国王亨伯特本人。如果相信传说的话，这块料子就是耶稣的门徒

72

将他从十字架上解下来时，作为裹尸布来包耶稣的那块料子了，使那些极少有机会观赏这块布料的人感到惊愕的是，布上有一些棕色斑点，其分布上显示出目光可见的两个人体，一个是正面的，一个是反面的，两个人的头是面对面的。

人们展开的争论

自这块裹尸布从中世纪在法国出现以来，出现了两个敌对的、有时是激烈对峙的阵营。一些人认为那块裹尸布是原件。他们解释说，那些比较粗大的斑点是血流在布上或汗弄在布上造成的，因为在裹尸时使用了香料，结果对化学反应起了催化作用。

其他人则表示极大的怀疑。他们断言，那些斑点是13世纪的一个画家所为。在中世纪，一位主教不是宣称，他听到过假造者的证词吗？另一位主教不也宣布禁止对这个所谓的圣物进行朝拜吗？人们在尚贝里城为裹尸布专门修建一座教堂，以供展出，而且越来越隆重。编年史学家安托万·拉兰曾断言："为了证明圣物是真品，人们让它经受了非同一般的检验。"人们甚至将裹尸布放在油里和灰汁里煮了好几回，也未能够把布上的斑迹洗掉！我们能相信他的话吗？

1532年，裹尸布所在教堂发生火灾，裹尸布差一点被全部

73

烧掉。一滴溶化了的银子将叠起来的布料的一角烧坏，结果烧了两串距离相等的洞，这些洞从照片上看得很清楚。为了灭火而浇在布上的水，在圣物上留下了对称的水渍印。由于巧合，正要烧在钉死在十字架上的人的痕迹时，火就停止了。有人称这是奇迹般的巧合，尚贝里的修女虔诚地对裹尸布进行了修补。

科学家的考察研究

由于社会上对耶稣裹尸布的真伪众说纷纭。1898年，都灵大主教终于同意一批科学家对裹尸布进行考察研究。人们发现这块亚麻裹尸布上留有一个明显的影像，也就是一个裸体、有胡子、留长头发的男人的图像。其大小同实际人体相等，死者的面容安详，其身体上留有鞭痕和钉痕，布上相当于死者的头、手、腰、足部位都有斑斑血迹。

有人猜测，1357年在法国夏尔尼伯爵领地利莱教堂展出的耶稣裹尸布，是十字军东侵时从君士坦丁堡窃运而来的。同时，这些相信者们还发现：裹尸布图像上的脸型、披肩的发式及胡子都属于公元初的犹太人型，并且，裹尸布上的形象与呈西娜山上叶

卡捷琳娜教堂中的圣像有45处相似，而与查士丁尼二世时货币上的圣像有65处相似。

然而，不信者们也有自己的理由，他们认为，裹尸布的人形属裸体形象，这与当时的习俗相违背。因此，他们认为裹尸布是伪作。

科学的再研究

正当欧洲的科学家们争执不下的时候，从大洋彼岸的美国却传来了不同的研究结果。首先，科学家们提出了一个一致结论，认为这块裹尸布不是一幅画，因为裹尸布上没有发现颜料的成分。至于裹尸布图像的形成，他们通过1532年的那场火灾所提供的线索得到了启发，断定这是由别人巧妙地用轻微的焦痕构成的。其次，通过对尸布上的血迹的研究表明，裹尸布上留下的血迹确系人血。

但经分析发现，血迹部分拍摄的底片上呈白色，证明尸布上的血迹是阳性的，而人体影像却是阴性的，这说明尸布上的血不是来源于尸体，而是后来加上去的。

由此，科学家断言，裹尸布上的耶稣像是伪造的，这块亚麻布根本不是传说中的耶稣裹尸布。然而，这是否就能用来完全解释裹尸布的奥秘呢？

在线小知识

1988年，英国牛津、瑞士苏黎世和美国亚利桑那州图森市的3家著名实验室得出结论，都灵裹尸布出现的时间大约1260年至1390年，并非耶稣的裹尸布。

耶稣真的死而复生吗

有关学者的观点

如果真有耶稣其人，那么关于他的死，又是一个令人争论不休的问题。据《新约》中的"四福音书"，即《马太福音》、《马可福音》、《路加福音》和《约翰福音》记载，耶稣被钉死在十字架上，3天后，重新复活，并多次在门徒面前显现，因此使四散的门徒重新鼓起勇气，聚集起来，获得了耶稣之死不是终结而是死而复活的信念。不过这种说法自近代以来一再引起人们的疑惑。

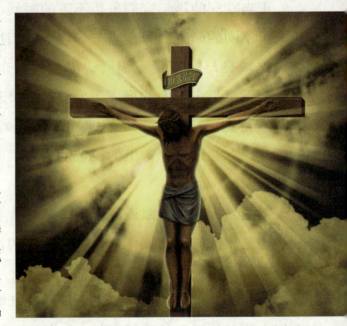

早在1835年，德国青年黑格尔派学者大卫·施特劳斯就在《耶稣传》中指出："耶稣之死的真实性，不可能从他被钉十字架这一方面得到充分证明，而只能从他之复活缺乏证明予以说明。说耶稣还继续活着是没有历史资料可证明的，但如果认为他真的死了，那就只好把十字架之死认为是真的死了。"

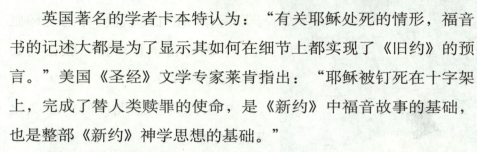

英国著名的学者卡本特认为："有关耶稣处死的情形，福音书的记述大都是为了显示其如何在细节上都实现了《旧约》的预言。"美国《圣经》文学专家莱肯指出："耶稣被钉死在十字架上，完成了替人类赎罪的使命，是《新约》中福音故事的基础，也是整部《新约》神学思想的基础。"

也有不少神学家和科学家用各种方法对意大利都灵大教堂的一块麻布进行测试与检验考证，据说这块麻布曾包过耶稣的尸体，究竟是真是假，众说纷纭。

《圣族与圣杯》一书的观点

在20世纪出版的两本书引起了人们极大的兴趣，它们都另辟捷径，对耶稣的身世作出了标新立异的解释。

1982年，英国德拉科特出版社出版的《圣族与圣杯》一书，由英国人林肯、美国人R·利以及新西兰人贝京三人合作撰写。作者历经数年的实地考察及查阅了大批文献资料后认为：耶稣并不是一个被钉死在十字架上的救世主，而是一个觊觎以色列王位的犹太贵族，其娶了一个名叫玛丽·玛格达琳的女子为妻，并生有子女数人。

因为参与贵族争权斗争遭到失败后，被迫流亡至高卢，即法国古称。为了防备政敌的谋害，他将妻子儿女留在高卢，并捏造自己被判刑钉死在十字架上的故事，自己只身返回祖国。

他的后代在高卢生活繁衍，并在5世纪时成为法兰克人墨洛温王朝的统治者。至11世纪末，耶稣的后裔参加了十字军东征，创建耶路撒冷拉丁王国的戈德费鲁瓦·布隆即为耶稣后裔，关

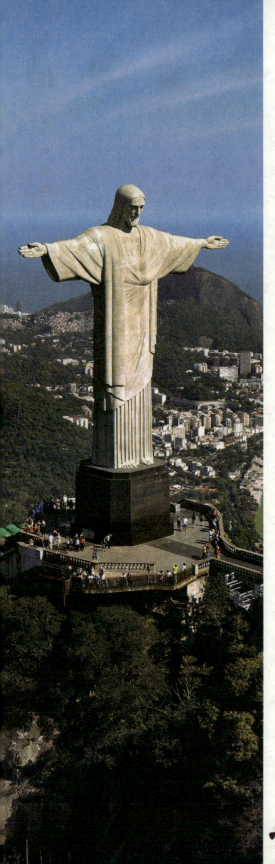

于耶稣家族的血统就被称为圣杯血统，它的秘密一直由秘密教会锡安山隐修会所保存。

中世纪乃至近现代的一些文化界名人如达·芬奇、波义耳、牛顿、诺迪埃、雨果、德彪西、科克托等人都曾是该会首领，甚至戴高乐也是该会成员。锡安山隐修会禁止普通教徒了解耶稣家族的秘密。作者甚至声称，悬挂于天主教堂的圣母像，并非耶稣母亲之像，而是其妻玛丽·玛格达琳的画像。此书所披露的耶稣身世轰动了欧美，被西方书评界称之为"20世纪最有争议的著作"。

《耶稣印度》一书的说法

与前书天方夜谭式的奇论不同的是，一位年轻的德国学者凯斯顿在1983年写出了《耶稣印度》一书，提出了一种值得重视的说法。该书是作者1973年至1983年间数次在土耳其、伊朗、阿富汗、印度游历、考察和研究的结果。凯斯顿认

为，耶稣在幼时为躲避罗马行省希律王的迫害，逃到了埃及的亚历山大城，并在那里学习佛教教义，12岁以后又到印度继续深造，10年以后才重返故乡以色列，自称拿撒勒人耶稣，并从事创立基督教及传教活动，引起了罗马统治者的恐慌，后被总督彼拉多逮捕，判处受钉死在十字架上的刑罚。

当耶稣被钉上十字架之后，受尽了折磨，为了营救他，有人暗中在送给他喝的酸酒中投放了麻醉药物，造成了耶稣假死。后由富商约塞夫买通了当局和行刑者，得到了耶稣"尸体"，并用解毒药拯救了他的生命，使其得以"复活"。耶稣治好伤病之后，曾多次在其门徒面前"显现"。

此后便在叙利亚、波斯、土耳其一带秘密传教，直至16年之后，携其母亲一起到印度克什米尔定居，以"约兹·亚萨夫"之名著称。

据说，他曾到北印度、我国新疆等讲道授经。以年逾八旬的高龄在克什米尔的斯利那加善终。至今斯利那加旧城中央仍保存耶稣的陵墓，名为"先知约兹·亚萨夫之墓"。每年还迎来成百上千的香客朝圣。

在线小知识

根据《马太福音》的记载，当主耶稣复活的那一天清晨，看守坟墓的兵丁亲眼看见主耶稣复活的情景，立即跑进城去，向害死主耶稣的祭司长报告。祭司长听了让他们说是被耶稣的门徒偷走的。

扑朔迷离的亚历山大墓

神秘人物亚历山大大帝

古代亚历山大帝国的伟大统帅亚历山大大帝，是古代马其顿国王腓力二世的儿子。他于公元前336年即位后，便率兵大举侵略东方。在10余年里，东征西伐把东起印度河、西至尼罗河与巴尔干半岛的广阔土地划归为自己的版图。

关于亚历山大大帝的历史，只有一些民间的传抄本，并且与一些史籍中的记载又矛盾重重，而且带有极浓重的传奇色彩。由于历史的久远，人们无法得到更多，所以考古及历史学家把希望寄托在对陵墓的发掘上，然而人们未能获得一些有价值的证据。

1964年的一天，埃及亚历山大市的报纸发表了一则耸人听闻的消息："马其顿国王亚历山大的陵墓找到了！这是波兰考古学家们的巨大成就！"

消息很快传遍了全世界。美国《纽约时报》立刻给波兰考古队发了一封电报，希望就这一伟大的发现写篇文章，并给予优厚的稿酬。各国记者也争先恐后地飞抵埃及。同时，大批旅游者的涌进使得埃及警方十分地紧张。

可惜，好像是历史与人们开了一个玩笑，这消息竟然是假的。原来发现的是古罗马时期的一座剧院的遗址，是波兰考古专家出的差错，把人们引向了歧途。

那么这位著名的历史人物的陵墓究竟在哪里呢？他又是怎

么死的？这一谜团仍没有找到答案。

探寻亚历山大帝的陵墓

亚历山大死后，他的部下托勒密将军用灵车把他的遗体运往埃及，安葬在亚历山大城，并为他建造了一座富丽堂皇的陵墓。

后来的凯撒大帝、奥古斯丁皇帝、卡拉卡尔皇帝等历史上的著名人物都曾到此陵墓朝拜过，还在亚历山大的塑像头上加上一顶金冠。可是到了3世纪，有关陵墓之事，不知为什么无声无息了，甚至连有关的记载都消失了。

642年，阿拉伯大军攻占了亚历山大城，这里的辉煌历史陈迹使他们感叹不已。至1798年，法兰西拿破仑的军队进入亚历山大城时，这里已是一派衰落景象，跟随拿破仑的一些学者还看见不少古建筑的废墟。

19世纪末，这里开始建海港，古老的建筑遗址成了采石场，

有许多遗迹被深埋入地下。亚历山大城很快成为地中海上一个重要的贸易中心。

古希腊的习俗是把创建城市的国王，在他死后一般都要埋葬在这个城市的中心。根据这个理论，有的考古学家分析认为，陵墓很有可能在位于城市东部的皇宫区。也有人认为，陵墓应在两条街道的交叉点上，因为这里过去是古城的中心位置。

当时波兰的考古学家玛丽亚·贝尔德就是对当地出土的古陵灯进行了一番研究后发现，古人在制作陶灯时，在上边绘制了古代亚历山大城的模型，根据这张图，她对陵墓的位置做了一个有趣的推测，她认为在模型内的许多建筑物之中，有一个圆锥形的建筑物可能就是亚历山大的陵墓。

因为，奥古斯丁皇帝的陵墓是尖顶锥形建筑，这种墓形很有可能就是在仿造亚历山大陵墓。而英国人维斯曾对托勒密王朝的墓地进行过分析研究，认为这些墓应当同亚历山大陵墓相像。

他想象亚历山大的木棺是安放在一座宏伟的庙宇里，周围是一些

圆柱，墓里一定有许多稀奇精美的物品。墓内还可能保存着从埃及各处庙宇送来的经书。

后来直至20世纪70年代，一些考古学家的发现大体上证实了这些猜想。专门研究古代马其顿历史的考古学家安得罗尼克斯依据这种推测发现了亚历山大的父亲——腓力二世的陵墓。陵墓大殿的中央停放着高大的大理石石棺，上面装饰着宝石的、沉重的金质瓶状墓饰。国王的遗骨就放在石棺中，他的周围是一些陪葬的珠玉金器，还有王权标志、战盔等物。

墓中有5个用象牙雕刻的雕像，制作得相当精美，引人注目的是这5个雕像是国王的一家：腓力二世本人、他的妻子、儿子亚历山大和国王的父母。这个发现在考古界引起了巨大轰动。

亚历山大大帝陵墓在哪里

人们在惊喜之余不禁要问：腓力二世国王的陵墓尚能找到，

难道他儿子的陵墓就这么难寻觅？因此有人推测，埃及亚历山大城所谓的陵墓根本不曾存在过，它是历史学家的杜撰，真正的亚历山大尸体在那次拦截案中被托勒密秘密地转移到不为人知的地方。

那么，亚历山大城到底有什么呢？考古学家进行挖掘，发现了著名的孟菲斯神牛墓。学者又在海底进行考察，发现了埃及艳后的宫殿，都没有陵墓的踪影。

亚历山大大帝东征路过埃及的最神秘事就是参拜阿蒙神的活动，他进入了神庙的最里边和阿蒙对话，这次对话的内容成为千古之谜，亚历山大事后没有向任何人提起，他说他只告诉母后奥林匹亚斯。

但上天没有给他这个机会，他自从踏上亚洲的土地之后就再没有回到故土。后人猜测锡瓦密谈很可能包含亚历山大的陵墓地点，甚至亚历山大本人就葬在这里的一个不为人知的地方。

20世纪后，有一名希腊女考古学家来到这里发掘亚历山大陵墓，但无功而返。至今人们也没有在锡瓦发现任何有可能是陵墓的遗迹。

在线小知识

亚历山大大帝曾师从古希腊著名学者亚里士多德，18岁随父出征，20岁继承王位。是欧洲历史上最伟大的军事天才，马其顿帝国最负盛名的征服者。

法老图坦卡芒是暴死吗

关于图坦卡芒的传说

关于埃及法老图坦卡芒有着两个传说：

第一个传说是说图坦卡芒继承的王位是由于他的稀世之美，被法老的公主选为驸马才获得的。但其继位的同一年里突然暴死，年轻的王后悲痛欲绝，以最盛大的仪式厚葬其夫。多少年以来，人们一直传说图坦卡芒法老的陵墓富丽豪

华。然而盗墓者们走遍了"王墓之谷"，都没有发现图坦卡芒法老墓室的踪影。

还有另外一种传说。在图坦卡芒法老神秘地死去之后，年轻的王后给西亚的赫提国王写了一封信，请求他选一名王子前来成婚，执掌王权。可是赫提王子在赴埃及途中却遭到伏击，被人杀

死。最后，老臣阿伊登基称王，原来的王后也不知所终。图坦卡芒法老和王后都死得不明不白，因此他们的墓室是否得以保存，值得怀疑。

发掘图坦卡芒之墓

20世纪初，一位美国人在王墓之谷发掘古墓，他搜索了整整5年，终于在一个小坑里发现了标有图坦卡芒字样的陶罐。当他兴致勃勃地准备大干一场的时候，第一次世界大战爆发了，发掘工作只好暂停。

战后一个名叫卡特的英国人接手了这一工作。经过6年的辛勤劳动，他终于发现了一组石阶引导下的王陵大门。这就是震惊世界考古界的图坦卡芒之墓。

当时，王陵的大门上还存有封泥和印章。打开封门，走过10多米长的倾斜墓道，来到那扇神秘的墓门前。

卡特手持探棒在墓门上捅开了一个小洞，先伸进一支蜡烛，然后又伸进头去。

开始他什么也看不见，只觉得墓中一股热气冲得烛光闪闪烁烁，慢慢地墓内的景象也从雾气中显现出来：异兽雕刻、塑像、黄金。

眼前的一切让卡特目瞪口呆，站在他身后的人急不可耐，连声催问："看见了什么没有？"

卡特费了好大的劲儿才克制住奔腾的思绪，喃喃地说："看见了，美妙绝伦。"

当人们小心翼翼打开墓门进入前室的时候，只见门槛上散落着鲜花，似乎还是刚刚撒下的；油灯灯罩上存有新鲜的烟灰，似乎是才熄灭。

整个墓室的宁静气氛，仿佛在提示人们，葬礼是在昨天举行的，而法老才刚刚睡熟。

图坦卡芒墓的贡献

图坦卡芒墓的发现对考古学是一个巨大的贡献，因为在图坦卡芒法老墓内，人们第一次领略到了古代埃及法老的葬礼文化：

葬制，葬服，前所未见的古代工艺品及其陈列的次序、规模等。堆积如山的龛、箱、匣、柜和各种家具，包罗了人世间一切实用的和可供观赏的华贵物品。

它们井然有序地陈列在墓室里，每一件都是贴金、镶玉、绘彩、嵌宝的。

不仅整个墓室富丽堂皇，穷奢极侈，令人惊叹不已，而且它

所揭示的古埃及人的生活习俗、方式和文化水平，更使历史学家们欣喜若狂。图坦卡芒法老之墓被发掘之后，人们又花了10年的时间才清理完其中的物品，由此可见墓中珍宝的丰盛。在整个法老墓的发掘清理过程中，人们不由得对这座陵墓的主人，就是早夭的图坦卡芒法老产生了兴趣。

与图坦卡芒法老同样大小的乌木塑像细腻传神的浮雕和壁画，一次又一次地介绍人们认识这位年轻的国王，他是多么俊美、勇敢和健壮。

图坦卡芒的遗体在哪呢

图坦卡芒法老的遗体安放在哪里呢？整个王墓分前室、耳房、库房和墓室4间。墓室里没有置放多余的家具，却有一座硕大无比的贴金木龛隔出了一个室中之室。

贴金木龛的表面为这个室中之室筑起四面灿烂耀眼的黄金之墙，而在金壁之下置放着一具略小一点的4层木龛。

木龛里盛放着一具巨大、庄严的石椁。打开椁盖，使得人们惊叹不已的是一具人形的贴金木棺。

再打开这层人形木棺之后，又是一具闪耀着奇异色彩的贴金

木棺。而最后一层人形棺更令人拍案叫绝，原来竟是用一整块黄金锻打而成，最厚的地方足足有0.03米。

至此为止，人们感到，以往对古墓的知识和想象都已用尽，再也无法猜测棺里还能包藏着什么令人惊奇的事物了。纯金的棺盖被掀开了，往里一看，只见一团黑乎乎的东西躺在里面，原来是变暗了的白色亚麻布。把6层裹布慢慢揭开，又出现了一具棺材，棺材盖上雕刻着一辉煌灿烂的黄金做的人像。

额头上有秃鹫和蛇的符号，手拿着皇家标志的鞭和笏。更令人惊异的是，金像一侧摆着一束花，虽经几千年漫长岁月，但颜色依然鲜艳。又连续打开两层棺材，只见一具黑色的东西——图坦卡芒王木乃伊安详地躺在里边。裹着亚麻布的尸体上涂满了香料和油脂，而木乃伊的头上却齐肩罩着真金的面具，黑宝石的眼睛里闪耀着迷人的光芒。

移去金面具，除去一层又一层的亚麻布，取下无

数的护身符、项链、戒指和耳环，终于只剩下了最后一层亚麻布……

我们不妨想象一下，这个当年目如明星、唇如施朱、具有绝世风采的美少年，如今的面目会如何呢？

最后一层亚麻布被打开了，人们为所看到的一切惊呆了，也就是图坦卡芒靠近左耳垂的脸上有一道致命的伤痕。

这足以说明传说中的法老及王后的暴死并非谣传。

金室玉椅、珠围翠绕增添了这个年轻人黄泉丧生的悲剧气氛，但却不能给人们了解这段带有血腥味道的历史提供多少线索。也许，在这个怪石狰狞的幽谷里，在这黄沙吞噬的荒原下，会埋藏着更加令人惊心动魄的证据，能够揭开这个谜底。

埃及艳后是怎么死的

埃及王位之争

克里奥帕特拉七世是埃及国王托勒密十二世和克里奥帕特拉五世的女儿，生于公元前69年，从小在宫廷中长大。她是马其顿人的后裔，美貌出众，姿色超群。公元前51年，托勒密十二世去世，按照遗诏和当时法律规定，21岁的克里奥帕特拉和比她小6岁的异母弟弟结成夫妻，共同执政。由于在宫廷斗争中失败，公元前48年，她被其弟逐出亚历山大城。她野心勃勃，在埃及和叙利亚边界一带招募军队，准备回埃及跟弟弟争夺王位。

此时，适逢恺撒追击其政敌庞培来到埃及，他以罗马国家元首的身份对埃及王位之争进行调停。

克里奥帕特拉的爱情

在此过程中，克里奥帕特拉的一个党人想出了一条巧计：把女王包在毛毯里，然后派士兵化装成商人，把女王抬到恺撒的行馆。恺撒打开后，发现站在面前的是一个美貌艳丽的女子，恺撒为她的美貌所倾倒。两人一见钟情，为后世留下了知己香艳的国

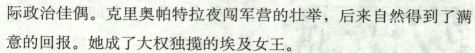
际政治佳偶。克里奥帕特拉夜闯军营的壮举，后来自然得到了满意的回报。她成了大权独揽的埃及女王。

公元前47年9月，恺撒在平定小亚细亚的战乱和庞培余党后，回到罗马，但他无时不思念克里奥帕特拉七世。公元前45年，克里奥帕特拉七世就应恺撒之邀来到罗马。当她进入罗马城时，恺撒亲自去迎接，同时也轰动了整个罗马上层社会，一些罗马达官贵人都以瞻仰艳后的风姿而感到荣幸。不料，恺撒于公元前44年3月15日被刺身亡，她怅然离开了罗马。

女王与安东尼的婚姻

恺撒死后，安东尼称雄罗马。当他巡视东方殖民地时，在小亚细亚的塔尔累马城，派人传达召见女王的命令。为了取得这位新贵的欢心，她刻意将自己打扮起来，显示出动人心魄的魅力。这位早在罗马时已使安东尼垂涎欲滴的美人，很快便投入了他的怀抱。

安东尼毅然放弃了他到东方的使命，乘坐女王的豪华游艇，一起回到了亚历山大城。从此，他俩如胶似漆，恩爱非凡，在埃及王宫厮混了漫长的5年。后来，安东尼违心地与政敌屋大维的姐姐成婚，但不久便找到借口回到东方，遗弃了他的妻子，与克里奥帕特拉举行了婚礼。

这种违反罗马婚俗的举动，自然遭到了舆论的谴责，加上他擅自将罗马帝国在东方的大片殖民地，送给了被他尊奉为"众王之女王"的克里奥帕特拉，这就更加激起了罗马人的愤怒。

在屋大维的煽动下，罗马元老院和公民大会，撤销了他的执政官职务，并剥夺了他的一切权力。

克里奥帕特拉的失败

公元前31年，安东尼与屋大维会战于阿克提乌姆海角上。正当酣战之际，克里奥帕特拉命令她的舰队退出战斗，结果使安东尼海军阵容大乱，当此胜败存亡的紧急关头，身为全军主帅的安东尼，一看见艳后已率舰逃跑，居然丢下为自己血战的10万将士，乘一艘小船追赶艳后而逃亡埃及。

一年后，屋大维兵临埃及，由于埃及军队叛变，安东尼见大势已去，解下披甲，抽出佩剑，结束了自己的生命，时年52岁。

克里奥帕特拉被屋大维生俘后，想以美色再次迷惑屋大维，但没有奏效。

一天，当她得知她将作为战利品被带到罗马游街示众的消息后，便恳求屋大维让她为去世的安东尼祭奠。她写了自己的遗书，沐浴后，用了一顿丰盛的晚餐。此后，便怅然地进入自己的卧室，安详地平躺在一张金床上，从此再没有醒来。

慌忙赶到的屋大维对她的自杀虽然感到失望，但不能不钦佩她的伟大，便下令将她的遗体安葬在安东尼身边。

女王死因的争议

克里奥帕特拉女王自杀了。这位绝代佳人的死，不仅给后人留下了许多脍炙人口的佳话，而且为古今中外史学家留下了一个至今不解之谜：她究竟是用什么方法自杀的呢？

一种传统观点认为，女王事先安排一位农民带进墓堡一只盛满无花果的篮子，里面藏有一条叫"阿斯普"的毒蛇，让它咬伤了自己的手臂，导致中毒昏迷而死。

或者是，女王早就把蛇喂养在花瓶里。用一枚金簪刺伤它的身体，引它发怒，直至它缠住她的手臂。另一种意见认为，女王不是死于毒蛇，而是用一只空心锥子，刺入自己的头部所致。

然而，也有不少人反对上述两种意见，因为死者尸体上没有发现有刺伤和咬伤的痕迹，在墓堡中也未找到任何有毒的小蛇。他们认为是服毒而死。坚持是毒蛇咬死的人根据考证材料提出：墓堡朝向大海的一侧开有一个窗户，受惊的毒蛇是可以从这里溜走的，另外，女王的医生认定："在她的手臂上，确实有两个不大明显的疤痕。"

在线小知识

盖乌斯·尤利乌斯·恺撒即恺撒大帝。恺撒出身贵族，公元前49年，他率军占领罗马，打败庞培，集大权于一身，实行独裁统治，制订了《儒略历》。

95

示巴女王是否确有其人

示巴女王存在吗

传说中示巴女王具有非凡的神秘色彩，在《圣经》，尤其是成书于1世纪的《旧约全书》中多次提到了示巴女王，但她真的存在吗？

《旧约·列王记》第十章和《旧约·历代志》第九章中有这样一段记载：公元前10世纪中叶，当以色列王国在国王所罗门治理下国泰民安、兴盛至极的时候，异国君主示巴女王因仰慕所罗门的智慧和声名，在庞大的护卫队陪同下，带着香料、宝石和黄

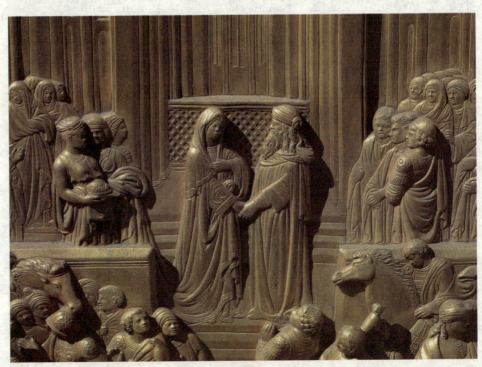

金，浩浩荡荡地抵达耶路撒冷，拜见以色列国王。她向所罗门表示敬意，献上厚礼，并提出一些难题让对方回答。

所罗门机智的回答，更让示巴女王钦佩不已。示巴女王见所罗门有大智慧，又看到他所建造的华丽宫室、席上的珍肴美味、群臣分列而坐、仆人两旁侍立，以及他们的衣服装饰等情况，诧异得神不安舍，向所罗门献上厚礼。

所罗门对这位远道而来的异国女君主给以盛情款待，在她回国时还馈赠了许多珍贵的礼物。这段简短的记述非常精彩，但是，这位女王来自何方？出身于哪个民族？

有关示巴女王的传说

示巴女王在《圣经》中偶然闪烁的神秘色彩，引起了历代史学家、文学家、诗人和民间艺人的极大兴趣，由此而产生的种种臆想、传说，更显得浪漫离奇甚至荒诞不经。

在中世纪流传很广的一个传说里，示巴女王被说成是预晓耶稣将受难于十字架的女先知。

据传她在去耶路撒冷拜见所罗门的途中，曾遇到一座小桥。她的幻觉中突然闪现出救世主将被人用这座木桥上的板木钉死的可怕图景。于是她绕道而行，并虔诚地向这座桥祈祷祝福。

所罗门得知这个不祥之兆后，立即命人把桥板取下深埋地底，以为就此万事大吉了。却不料后来仍被人挖了出来，成了恶人加害耶稣时所用十字架的板材。

宗教艺术中的形象

除了这种神乎其神的传说外，示巴女王在中世纪和文艺复兴

时期的宗教艺术中，时而作为美丽的女王形象出现，时而又作为丑陋的女巫形象出现。在西欧许多国家的哥特式教堂里，人们仍可以看到表现内容截然不同的女王形象。这究竟是有史实依据的人物特征描绘，还是随意的艺术处理，就无从得知了。在非基督教信仰的世界里，示巴女王的形象基本上是被丑化了的。在犹太教的传奇故事中，示巴女王被描绘成有着毛茸茸双脚的恶魔形象，并把她比喻为古代亚述和巴比伦神话中诱人堕落的淫妇。

而在伊斯兰教的传说中，示巴女王受到了更大的贬斥，她被称为"比尔基斯"，意为妖怪，说她所行之事对人类来说意味着灾难。

民间传说中的形象

在许多国家的民间传说中，示巴女王更多地还是被描绘成天

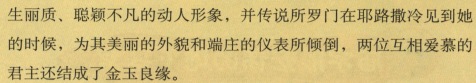

生丽质、聪颖不凡的动人形象，并传说所罗门在耶路撒冷见到她的时候，为其美丽的外貌和端庄的仪表所倾倒，两位互相爱慕的君主还结成了金玉良缘。

埃塞俄比亚的民间传说中说，虽然所罗门对示巴女王一见钟情，无奈女王把贞洁视若生命，在所罗门发誓不去触碰她之后，她才肯住进所罗门的王宫。

后来，所罗门设计引诱才逼迫女王成婚。他们在婚后生下一子名叫曼尼里克，以后随示巴女王而去。

曼尼里克长大后，到耶路撒冷拜谒父亲，并被封为埃塞俄比亚的第一代皇帝。

有趣的是，这个非洲古国的末代君主，著名的海尔·塞拉西皇帝在位时，还以自己是示巴女王和所罗门的嫡传后裔自居。关于示巴女王是否确实存在，我们目前还不得而知，但长期的考察和新的考古发现证明，示巴古国确实存在。《圣经》中提到的示巴王国位于濒临红海的阿拉伯半岛西面，在现今阿拉伯也门共和国境内。

这或许能为示巴女王的存在提供一个证明，但若想找到示巴女王的真正踪迹，只能在重新发现新的依据后才能确定。

在线小知识

也门共和国位于阿拉伯半岛西南端，与沙特、阿曼相邻，濒红海、亚丁湾和阿拉伯海。1990年5月由阿拉伯也门共和国和也门民主人民共和国合并组成，是阿拉伯世界古代文明摇篮之一。

庙宇般宏伟的地下墓室

发现宏伟的地下建筑

在繁荣兴旺的马耳他岛佩奥拉镇，一家食物店的地下竟然埋藏着地中海区域宏伟庞大的地下建筑遗迹。这个遗迹是被一群当时正在这里施工的建筑工人发现的。

1902年，一群建筑工人正在开凿岩石，建造蓄水库，突然脚下的岩石凿空了，下面出现一个大洞，他们探头一看，发现这竟然是一个凿通硬石灰岩后的宏伟地下室。

起初，工人利用石洞来堆放碎石废泥或者垃圾。但有一个工人认为这个洞穴不比寻常，并非自然形成，而是人工凿成的石室，于是他们将这个发现向当地的考古学家报告了。

似庙又似墓的地窖

考古学家得到消息后，立即赶赴现场进行勘察。他们搬走所有垃圾和泥石，发现里面的石室众多，就犹如一座地下迷宫。

石室最深处距离地面10米，它们一间一间地连通，上下共有

3层。它由上下交错、多层重叠的多个房间组成。里面有一些进出洞口和奇妙的小房间，旁边还有一些大小不等的壁孔。中央大厅耸立着直接由巨大的石料凿成的大圆柱、小支柱，支撑着半圆形的屋顶。

整个建筑线条清晰、棱角分明，甚至那些粗大的石架也不例外，没有发现用石头镶嵌补漏的地方。它的石柱、屋顶风格与马耳他其他许多古墓、庙宇如出一辙，但别的庙宇都建在地上，这座建筑却深藏于地下的石灰岩中。

考古学家面对这惊人的发现，一时不知道给这个新发现起个什么名字，后来，一个学者只得引用希腊文中"地窖"一词给其命名，意思就是地下建筑。

考古学家在地窖范围内往下发掘时，又发现里面埋藏着7000具骸骨。

这地窖到底有什么作用，又是什么时代筑成的？

地窖筑成的年代比起地窖的作用，较容易获得解答。当地与此建筑风格相近的其他庙宇，多建于公元前2400年前后，其时岛上的石器时代居民豪兴一发，筑成不少宏伟的庙宇。岛民以牛角

或鹿角所制的凿子和楔子，用石槌敲进岩石以进行开凿，他们用过的两把石槌及做精工细活时用的燧石和黑曜岩工具，都被发掘了出来。

这座"地下建筑"到底是"庙宇"还是"坟墓"？在生产力极其落后的石器时代，马耳他的岛民为何耗费如此巨大的精力来建造这座庞大的地下建筑？

有人认为它是一座地下庙宇。在这座地下建筑中，有一个奇妙的石室，人们称之为"神谕室"。在"神谕室"的石室里，有一堵墙壁被削去一块，后面是状似壁龛、仅容一人的石窟。一个人坐进去照平常一样说话，声音可以传遍整个石室，并且完全没有失真。

女人说话时声调较高，所以不能产生同样的效果。这石室靠近顶处，沿四周墙壁凿了一道脊壁，女人声音就沿这条脊壁向四处传播。设计石室的人显然知道这个设计能产生特殊传声效果。

因为发现了这回声室，考古学家便认为这座地窖是在宗教方面有特殊用途的建筑，这石室说不定是祭司的传谕所。祭司虽然是男性，但是崇拜的对象大概是个女神。

因为考古学家在地窖发现两尊女人卧像，都是侧身躺卧，另外发现几尊特别肥大，也许以孕妇为蓝本的侧卧像。这些证据显

示地窖可能是个崇拜女性的地方。

然而，这座建筑真的就是一座地下庙宇吗？考古学家自从在一个宽度不足12米的小石室里发现埋藏有7000具骸骨后，就对此产生了怀疑。室内骨殖散落，骸骨并非一具具完整的骷髅，说明那是以一种移葬方法集中到室内的，这种埋葬方式，原始民族中很普遍。

所谓移葬是初次土葬后若干年，尸体腐烂，成了骷髅，捡拾骨殖移到别处重新埋葬。

难道这座庙宇是供人礼拜之地，也是供死者安息之处吗？马耳他岛上这些早期居民的宗教包括崇拜死者吗？

地下建筑的未解之谜

没有人知道这座庙宇在哪个时期变为墓地，还是初建时就具有两种用途。许多屹立在地上的庙宇是模仿早期石墓建造的。反之，也许这就是一座仿效地上庙宇模式兴建的坟墓。至于马耳他岛上这种举世无双的地下建筑到底为什么兴建，大概永远是个不解之谜。

马耳他岛的面积仅246平方千米。但在这个小岛上，从1902年开始，人们却发现了30多处巨石神庙的遗址。其中一座名为"蒙娜亚德拉"的一座神庙，被认为是一座相当准确的太阳钟。

印度古堡的死亡之谜

接二连三的死亡事件

印度塔尔沙漠西部有一个古老的小镇，这里矗立着一座令人毛骨悚然的"死亡之堡"。其实，这座曾结束了数百人畜生命的死亡之堡并无什么特别之处：四壁用宽大的砖石砌成，堡顶用粗大的圆木拼封，地面铺着整齐的长条状石块，东西两壁各开一扇窗子。古堡的死亡秘密，在于它几乎能将所有深夜置身其间的人畜置于死地，而且尸体上不见任何痕迹。没有一个在古堡待上一宿的人畜不是被抬着出来的。对此，政府唯一做的事就是在古堡大门口贴上一张告示：过往人畜切忌在此留宿！

不过，还是有许多人在这里接二连三地神秘死去。一对分属两个对立家族的年轻人倾心相爱了，这理所当然遭到所有人的谴

责和反对。忠于爱情的年轻人铤而走险选择古堡幽会。月光静静地从窗口铺进古堡，小伙子靠在古堡的角落里甜蜜地等待着心上人到来。然而，就在姑娘踏进古堡的一瞬间，她目睹了月光下发生的一幕，厄运已经降临在小伙子的身上。第二天人们收拾小伙子冰凉的尸体时，姑娘双目呆滞，语无伦次——她精神失常了。死神以另一种方式封住了唯一的目击者的嘴巴。

使印度政府动用警力破解古堡之谜的是一名贵族小伙子。这位贵族小伙子，在同朋友云游四方时来到小镇。接受过高等教育的小伙子只相信自己大脑里的科学，不信古堡的神秘传说，在小镇唯一的小酒店里，当着善良的酒店主人苏赫大叔，小伙子和他的朋友不听人们的劝说，用各自的良种马打赌，要到"死亡之堡"里呆上一宿。苏赫大叔没收小伙子的晚餐钱。大叔总是这样，他给每一位古堡探险者提供一顿丰盛的晚餐，并说："你明天早上来付钱。"自然这些全都成了最后的晚餐，苏赫大叔从未得到过第二天付的饭钱。

贵族小伙子跨进古堡之前，把大门口那张"过往人畜切忌在此留宿"的告示轻蔑地撕下来扔在地上，踏上一脚。小伙子只是撕下了有关死神的告示，可死神却永远撕去了小伙子骄傲的生命。第二天，英俊的贵族小伙子成了僵尸。于是，警察带着法医来了。法医使尽浑身解数翻来覆去检查尸体，警察将古堡掘地3尺，但最终一无所获。当晚，3名身手敏捷、枪法奇准的警察被安排守在"死亡之堡"里执行人与魔的直面较量。

那个显赫的家族悲愤而固执地要警察局给他们一个说法。第

三天，印度塔尔地区警察局失去了3名忠于职守的好警察。

连警察都逃不过死亡的厄运！小镇上的人们再次感受到死神黑色的翅膀在头顶上盘旋，人们确信古堡通向地狱。政府除了重新张贴"不得留宿"的告示外还发布了一项悬赏令：凡能侦破古堡疑案捕获元凶者，奖赏10000卢比！

乔治探险队的失败行动

1923年秋天，著名英国探险家乔治·威尔斯率领他那支所向无敌的探险队向"死亡之堡"远征而来。探险队人饥马乏，粮食已颗粒无剩，金银货币也行将耗尽。

乔治写了一封信准备寄给远在英国剑桥大学的好友，告诉他自己急需填饱肚子，急需一笔经费。在苏赫大叔的酒店里，乔治一口气把悬赏10000卢比的政府布告一字不漏地读了12遍。作为探险家，乔治当然不会贸然行事以致白白送死。乔治探险队对古堡做了细致入微的勘查和精心周到的准备，他把古堡四周50米范围以内的细沙抹平，以便记录可能留下的痕迹；把窗子下的沙地翻松，确保紧急关头队员们越窗而下时足够安全；检查每个队员的枪支弹药，保证关键时刻不出机械故障；每

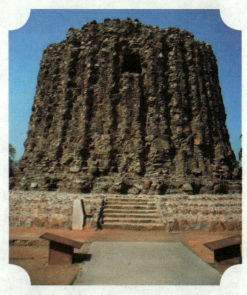

人的位置都选在靠近门窗，但不从门窗里露出身体。乔治分析，如果堡顶和墙壁足够牢固的话，门窗是杀手唯一的出入口，并依此计算好射击角度。乔治没忘记从镇上牵来一条狗，他明白狗比最敏锐的人还要敏锐。按照惯例，苏赫大叔给乔治和他的探险队提供了一顿第二天付费的丰盛晚餐。

探险家在那封寄往剑桥大学的信中加上了印度塔尔沙漠"死亡之堡"的故事，并热情洋溢地告诉他的好友：乔治·威尔斯这一名字将取代"死亡之堡"而矗立在小镇人们的心里，随着明天太阳的升起他将得到10000卢比的奖赏！他把信封好交给邮差。

夜幕降临，镇上的人们退出"死亡之堡"，回到各自家里倾听着古堡方向的动静。夜半，古堡传来两阵凄惨而短促的狗叫。太阳重新升起来的时候，人们怀着兴奋和不安，推开了古堡那扇厚重的大门。探险家和他的伙伴们倚墙而坐，凝固着昨晚的姿态。这个充满着神奇的世界，永远失去了一位杰出的探险家和一支优秀的探险队。

揭开古堡的死亡之谜

数月之后，苏赫大叔的小酒店里来了一个乞丐模样的老头，他干瘪得酷似生物实验里那些风干的标本。瘦老头骑一匹瘦马，

驮一只铁箱，牵一只瘦猴。人们逗他取乐，踢那硕大的铁皮箱，箱子里除了一张网就再也没什么了。瘦老头自称是来揭开古堡之谜的。人们鄙夷地打量着他。苏赫大叔明白，又一个付不起饭钱的人想借此混顿饱饭。

但仁慈的苏赫大叔还是让瘦老头饱餐了一顿。吃完饭，瘦老头认真地表示第二天太阳升起来的时候他会用政府的赏金来付饭钱的。人们被逗得有几分乐了。瘦老头一本正经地说："你们应该相信我，真的，应该相信我！"

瘦老头请人帮他把铁箱搬进古堡，表示第二天用赏金加倍付钱。可谁也不忍心把一个可怜的乞丐推进"死亡之堡"，老头只好自己动手用那匹瘦马驮铁箱。

第二天，太阳升起的时候，几个年轻人抬着那块抬过无数尸体的木板向古堡走去。

这时，一个瘦小干瘪的身影幽灵般出现在古堡的窗口。年轻人吓得拔腿想跑，但迈不开脚步。幽灵发出一声长啸："哎——小伙子们，别怕，是我！"人们惊呆了，他们从来没有这样吃惊过，幽灵是那个干尸般的瘦

老头——他还活着。瘦老头把一个个鸟状的东西从窗口投下。那是一只只死了的红蝙蝠。

原来，在古堡顶的圆木层上生活着一群昼伏夜出的吸血红蝙蝠，这些吸血红蝙蝠长着一根极细极密的长针，它们能在人畜来不及反应的一刹那将长针刺进人畜的大脑并分泌出一种麻醉汁，致人畜昏迷。

本来这种红蝙蝠像世界各地的吸血红蝙蝠一样靠吸食动物血液维持生命，但生活在塔尔古堡的它们竟发生了变异，干起了吸食人畜脑髓的罪恶勾当。

虽然它们把无数人畜制成了干尸，但它们最终未能逃脱瘦老头为它们布下的网。瘦老头在古堡里布好那张大网，把猴子拴在网下，自己则躲进铁箱子里，通过铁箱上的小孔观察外面的情况并控制操作绳。

这个乞丐般的瘦老头是谁呢?还记得探险家遇难前寄出的那封信吗?瘦老头就是那位收信人，探险家乔治生前的好友、英国剑桥大学著名生物学家。他从事红蝙蝠研究长达20多年，我们现在知道的有关红蝙蝠的知识大都署着他的名字。他的名字叫汤恩·唯尔。

塔尔沙漠也称印度大沙漠，位于印度西北部和巴基斯坦东南部，西以印度河、萨特卢杰河为界，东以印度马尔瓦高原东侧为缘，为印度大沙漠的延伸部分。

档案揭秘

　　历史的尘烟淹没了俗世的喧嚣，尘封的档案记录着真实的记忆，让我们走进历史，去揭秘那曾经的辉煌，掸去灰尘，去寻找那珍贵的记忆吧！

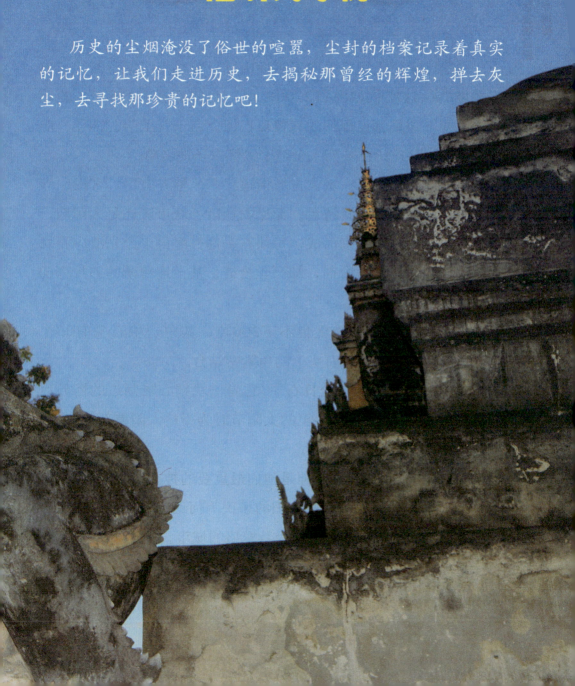

1 历史悬念的震惊揭秘

考古发现档案

失落的马丘比丘古城

神秘的马丘比丘古城

马丘比丘位于秘鲁境内安第斯山脉，被称作印加帝国的"失落之城"。这座古城海拔2200多米，两侧都有高约600米的悬崖，峭壁下则是日夜奔流的乌鲁班巴河。由于其圣洁、神秘、虔诚的氛围，马丘比丘被列入全球十大怀古圣地名单。

马丘比丘是个石头城，古城街道狭窄，整齐有序，宫殿、寺院、作坊和堡垒等各具特色。无论农业区、城市区还是太阳庙，每个建筑都由巨石垒砌而成，每块石头都打磨得十分光滑。石块与石块之间没任何黏合剂，却严丝合缝，甚至连薄薄的刀片都插不进去。

这些石头中，有的重量不下200吨，其中一块石头有33个角，每个角都跟毗邻的石头上的角紧密结合。

城中最著名的是"拴日石"，它是一块精心雕刻过的怪异巨石，据说是印加人在每年冬至的太阳节时为祈祷太阳重新回来，会象征性地把太阳拴在巨石上。

印加人崇拜太阳，太阳神是他们最重要的神灵，印加王都自称为"太阳之子"。不过这些太阳的子民为何遗弃了他们的拴日石却不得而知。马丘比丘是一座极其繁盛的城市。

马丘比丘兴起于12世纪，印加帝国统治者帕查库特克·印加·尤潘基大约在1450年整体建造了该城。它虽然地形险峻，却

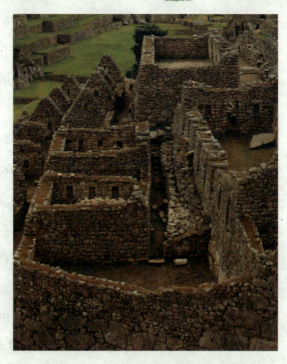

有完善的灌溉系统，城内规划井然，宗教、军事、民居各占一隅，城中处处透出星辰历法的玄机，窗户都指向夏至和冬至的日出方向，这是在没有车船知识时代的建筑奇迹。

16世纪时，西班牙趁印加帝国内乱之机，侵略了这个统治南美约百个民族的国家，但马丘比丘却因天然的遮蔽而躲过了一次次冲击。但在1532年，西班牙殖民者入侵秘鲁最终还是占领了马丘比丘城。不过后来，这里被西班牙人遗弃，而彻底荒废了300余年。

发现马丘比丘古城

1911年，美国耶鲁大学考古学家宾汉姆在寻找"消失的印加城市"时偶然发现了完全掩盖在一片厚厚热带树林之下的马丘比丘古城遗址。

宾汉姆曾说："我所知的世界上，再没有地方能和这儿的景色和吸引力相比……这儿有云雾缭绕的高大雪峰、奔腾咆哮的急流，婀娜多姿的巨大花岗岩壁傲然耸立在数千尺上。"

此后，随着马丘比丘逐步被外界发现，古城开始向现代社会

透射出它曾经辉煌的帝国文明。在1981年，马丘比丘周围大片土地被列为秘鲁的"历史保护区"。这个地区不仅包括遗迹本身，还包括附近的地貌和动植物群，尤其是当地的兰花。

马丘比丘的用途

对于马丘比丘古城为何而建这个问题，一直以来众说纷纭，莫衷一是，大致有以下几种说法。有的考古学家认为马丘比丘是印加的"最后避难所"。这一观点是宾汉姆在1911年提出的，他认为马丘比丘是印加社会的诞生地，当时宾汉姆在当地农民的带领下来到马丘比丘。宾汉姆随后又修改了这一理论，指出马丘比丘是传说中的"迷失之城"。

维尔卡巴姆巴·拉·维加，最后的印加统治者于16世纪在这里与西班牙征服者爆发旷日持久的战争。然而，宾汉姆的这两项理论最后都被证明是错误的。

考古学家已经发现真正的"最后避难所"坐落于伊斯皮里图大草原。这片丛林位于印加首都库斯科西部大约130千米。

马丘比丘建造工艺

印加古城的建筑，全用巨石建成，见不到灰浆的痕

迹，在那个荒蛮的时代，达到如此的工艺水平是一个谜。古印加人从哪里，又是用什么方法搬来了这些巨石材料？在崎岖狭窄而危险的山脊上，把巨石运上山巅几乎没有可能。

有秘鲁科学家认为，印加人并没有在悬崖峭壁上搬运巨石，而是在山巅就地取材的。他们在选定的山巅就地采集岩石制作砌块，在山顶开出了一片90000余平方米的开阔平地，垒筑古城。然后把剩余的石块、碎砾全部扔下了山崖，在山巅留下了这座奇迹般的古城。 关于这座印加古城未解的谜团还有很多，比如，它们为什么会消失？遗留的100多具头骨和随后发现的木乃伊带来什么样的古文明信息？总之，马丘比丘充满了无穷的吸引力，等待我们去探索。

在线小知识

印加帝国是11世纪至16世纪时位于美洲的古老帝国，其版图大约是今日南美洲的秘鲁、厄瓜多尔、哥伦比亚、玻利维亚、智利、阿根廷等地区。首都设于库斯科。

大马士革古城的完美建筑

大马士革古城的历史

大马士革古城，位于叙利亚西南部，是叙利亚的首都。它于公元前2000年建在克辛山的山坡上，面积约100平方千米。公元前15世纪曾被埃及法老图坦蒙斯三世征服。自古大马士革就被誉为"天国里的城市"。

公元前11世纪中期，一支犹太人部落居住在此。公元前10世纪，这里成为亚美尼亚王国的都城。

公元前333年，马其顿王国的亚历山大大帝从波斯人手中夺取了这座城市。

在大流士王朝统治时期，安条克取代大马士革成为新的都城。公元前64年，罗马人占领了大马士革，希腊化的大马士革变成罗马叙利亚省的一部分，并日趋繁荣。

636年，拜占庭帝国军队失败后，与西方联系长达10个世纪之久的大马士革被穆斯林占领。

然后，在奥马亚王朝的哈里发统治时期，大马士革进入了黄金时代。它成为了拥有辽阔疆土，从北非到中国边界之间庞大帝国的都城。

705至715年期间，一座大清真寺在罗马神庙的旧址上拔地而起。阿尤布王朝建立后，穆斯林统帅萨拉丁在大马士革集结了他所有的军队，于118年从十字军手中夺回了耶路撒冷。

大马士革重新作为一个伟大帝国的首都而大放光彩。1516年，大马士革和叙利亚一起被奥斯曼土耳其人攻占。

大马士革城市设计保留了一些罗马和拜占庭时期的规划结构，由一道具有城门的防卫城墙围护，其布局保持了自奥马亚王朝的哈里发时期形成的风格。有篷的市场、宫殿、光塔和顶塔等都证明了大马士革古城起源于伊斯兰教的历史。

大马士革古城的清真寺

大马士革为数众多的清真寺独特而完美，其建筑影响深远。奥马亚王朝的哈里发时期的整体建筑是大马士革进入黄金时代的有力证明。

大马士革古城之内共有清真寺250座，奥马亚清真寺不但是古城中最著名的一座，而且也是世界最著名的清真寺之一。

它坐落在旧城中央，原本是一座基督教堂，8世纪的时候，阿拉伯人占领了这个城市，奥马亚王朝国王于705年亲自主持将之改建为清真寺。

当时动用了10000名工匠，历时15年，才建成了这座堪称伊斯兰教世界第四大清真寺的奥马亚清真寺。

清真寺的大门高约10米，礼拜大厅长136米，宽37米，全部用巨大的石块建成，由大理石柱支撑。

大厅四壁和圆柱上雕刻着精致的花纹，厅顶垂挂着一盏巨大

的水晶吊灯，大厅外的广场四周建有走廊，走廊的墙壁上用金砂、石块和贝壳镶嵌出巨大的壁画，描绘出奥马亚时代大马士革的繁荣景象。

三座高耸的尖塔直插蓝天，具有伊斯兰教特有的雕刻、装饰艺术风格。清真寺中铺着白色大理石，祈祷殿上贴着金色马赛克砖，显得金碧辉煌。

3000年前闪族人在此修建哈达德神庙，罗马人来了之后改为朱庇特天神庙，后来罗马帝国又把它改为教堂。

636年，伊斯兰教进入大马士革，把教堂东半部改为清真寺，西半部还是教堂，但后来东半部不断增建，渐渐就将西边的教堂挤没了。

大马士革的古城堡

大马士革城堡始建于2000多年前，11世纪时被彻底改建。城堡用巨石垒成，四周有护城河，河上架有吊桥。城堡的城墙上有300多个射孔，并建有望和防守的高塔。叙利亚历史上3位著名的阿拉伯苏丹努拉尔丁、萨拉丁和扎赫尔·倍贝尔，都在这座城堡中指挥过抵御外族入侵的战役。如今，大马士革古城中的古建筑大多被很好地保留了下来。

位于哈瓦那港口著名的莫罗城堡，是哈瓦那一个标志性建筑。它建于1632年，地势险要，易守难攻，有"西印度群岛堡垒"之称，城堡上有一座高高的灯台，是哈瓦那最重要的标志。

在线小知识

119

佩特拉古城的石头建筑

佩特拉古城的历史

佩特拉在约旦南部，距首都安曼270多千米，坐落在胡尔山脚下，处于穆萨谷地之中。佩特拉是座历史古城遗址，在人们的心目中，它是带有神话色彩的名胜古迹。

2000多年前，那巴泰人曾在这一带栖息生活，并先后建都于此。由于这里是埃及、叙利亚等国之间的交通要道，很快便成为商贾云集，繁荣昌盛的商业都市。

在漫长的历史岁月中，佩特拉的土著居民在岩石中雕琢的众多建筑物，逐渐使其成为一座"石头城"，也成为人类文化宝库中一颗闪闪发光的明珠。多少世纪以来，这颗明珠一直没有被人发现。

那时候，约旦地区流传着一个带有神话色彩的民间故事，故事的大意是说：在约旦南部广袤的沙漠中有一条神秘的峡

谷，这条峡谷既深又长，但不知在何方。一批神人在那里修建了许多宏伟的建筑物，并在里面藏了无数珍宝，谁能找到它，便可成为大富翁。人们一批又一批地前去探索，但都无功而返。这个神话故事一代一代地流传下来，但始终没有人想到，这些建筑物就存在于穆萨山谷之中。

直至1812年，英国游客约翰·白克汀特游览佩特拉时，才第一次揭开这个神话故事的奥秘，闪烁着奇光异彩的"石头城"终与世人见面。佩特拉山谷的岩石呈朱红色或褐色，在朝阳或晚霞的映照下城中的建筑会变成玫瑰色，所以佩特拉也被称作"红玫瑰古城"。

相传，这里是摩西"点石出水"的地方。当年，摩西率领以色列人走出埃及，流落荒野，正当饥渴困乏的时候，摩西得到上帝的帮助，他挥杖击石，激出泉水。

据说，这股泉水至今仍流淌不息。佩特拉古城建在海拔950米的山谷中。进入佩特拉古城，要通过15千米长的峡谷，峡谷最宽处不过7米，最窄处仅能通过一辆马车。

两边的石壁高70至100米，行人抬头仅能望到一线青天。走

历史悬念的震惊揭秘

考古发现档案

出峡谷，是宽广的谷地，豁然开朗。高大雄伟的殿堂排布在周围山崖的岩壁上，门楹相间，殿宇重叠，十分壮观。

佩特拉城的宫殿建筑

佩特拉城的建筑物全都是依傍山势雕琢而成的，这一奇景是大自然的"雕刻师"和能工巧匠共同创造的。

峡谷出口不远便是一座依山凿出的巨大殿堂，高40米，宽30米，这就是卡兹尼石宫，又名"金库"。

传说这里是历代佩特拉国王收藏财富的地方，但也有传言说这里是国王陵墓的灵殿。整个殿门分两层，下层是两根罗马式的石柱，高10余米，门楹和横梁都雕有精细的图案。

殿门的上层雕出了3个石龛，龛中分别雕有天使、圣母和带有翅膀的战士石像。宫殿中有正殿和侧殿，石壁上还留有原始壁画。

城中有一座依山雕琢出的古罗马剧场。可容纳6000人，还保存了露天剧场，剧场看台呈扇形，有数十层石筑阶梯，每10层阶梯中间筑有一个通道，整个剧场沿山而上。

舞台上还残存有4根巨大的石柱。城中一座拜占庭风格的建筑，名叫"本特宫"。传说当年城市缺水，国王下令，如果有人

能引水入城，就将公主许配给他为妻。一位建筑师开山修渠，将水引进城里。国王履行诺言，将女儿下嫁给他，并赐此宫给他们居住，所以本特宫又叫"女儿宫"。

在古城南面的牛山腰，有一座欧翁石宫。这座石宫的建筑顺序是先削平半山腰，再开凿石窟，最后才修建宫殿。几百平方米的大殿居然没有一根柱子，真是巧夺天工。欧翁宫的两侧是石窟群，向东西延伸。

石窟内有住宅、寺院、浴室和墓窟。在一片人造的高地上有两座方尖碑，高地被猜想成用于举行祭祀仪式的地方。

高祭台上是放祭品的地方，供奉着那巴泰人的两个神：杜莎里斯和阿尔乌扎。这里的祭台有排水道，可能是用来排放人血的。有迹象表明，那巴特人曾用人来进行祭祀。

佩特拉城的石墓

佩特拉的那巴泰人传统上将他们死去的亲人葬于环绕城市的砂石峭壁之中，这里有着成千上万的坟墓。它们当中有些是简陋的石墓，有些则十分奢华。

佩特拉的王陵并没有具体的名字，而是靠传统来决定。在修建皇陵的过程中，那巴泰人利用祖传石工技巧，加强和改造了如亚历山大之类的大都市中最新颖、最雄伟的建筑构思。

石墓后的房间比较小，有的只有一间外室，里面偶有刻出的石凳。佩特拉王陵外立面虽然没有人去维护，又经历了许多个世纪以来地震、侵蚀和偶尔溜进来的盗墓贼的侵扰，但是它几乎完好无损。

外墙上精美的石刻可能是当地石匠的杰作。当年这些墓被涂

抹了用石灰石与沙制成的石膏，如今风沙剥去了石膏，裸露的岩石在阳光的照射下色彩变幻无穷，使陵墓充满生机，这是当年的建筑者没有料到的。

在佩特拉最后修建的大坟墓中，有一座是为罗马总督所建，称作"乌恩墓"，但是在446年，这座坟墓被改成了一座教堂。

随着沙漠中的香料商路被慢慢荒废，取而代之的是红海的海上路线，沙漠中的城市生活随之土崩瓦解。

最后，坟墓变得衰败不堪，雕像也剥落脱皮，曾经安葬过达官贵人的石室渐渐沦落为牧羊人遮风挡雨的场所。

佩特拉城的衰落

考古学家推断，在全盛时期，佩特拉城居民多达30,000人，城市规模比早期欧洲人估计的大得多。但佩特拉为什么被遗弃一直是人们百思不得其解的问题。就算它一度失去了商道的控制权，但仍然可以保持原状，那为什么它迅速衰亡了呢？

史学家分析认为，导致佩特拉城衰亡的原因可能是天灾。363年，一场地震重击了佩特拉城。震后，许多建筑沦为废墟，房屋的主人们无能力或者无心思将它们修复，渐渐地古城走向了衰亡。

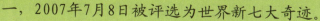

约旦是一块人类文明的沃土。佩特拉古城的历史可以追溯至史前时代，它是约旦南部沙漠中的神秘古城之一，也是最负盛名的古迹区之一，2007年7月8日被评选为世界新七大奇迹。

在线小知识

古麻剌朗国王的王陵

意外发现小国家

古麻剌朗王国是古代东南亚的一个小小的岛国。在明代以前，我国历代朝廷均不知有这个小国的存在。至明朝永乐年间，随着我国经济的繁荣与发展，航海事业日新月异，朝廷不断派出庞大的使团对外进行经济、文化交流活动。

继郑和7次下西洋之后不久，明成祖又下令让太监张谦率团出使东南亚一些国家，在途经浡泥等国家的航程途中，竟发现了一个以前从不知道的名曰古麻剌朗的小国家。张谦回国后当即将这个重大发现禀报明成祖。

出访古麻剌朗王国

1417年9月，张谦作为皇帝的特使，手捧明成祖的诏书正式出访古麻剌朗国。他在晋见国王斡剌义亦敦奔时，代表明皇朝向其表达了友好之意，并赠上中国特产绒棉、纱罗、纻丝等礼物。古麻剌朗国王见自己一个小国家竟受到大明皇朝如此恩宠，十分欣喜，心想如果能进一步得到明皇朝的庇护，不但可以以此抵御周围一些国家的欺压和凌辱，而且还可通过贸易往来、文化交流促进本国的繁荣。

古麻剌朗国国王回访我国

1420年10月，古麻剌朗国王斡剌义亦敦奔决定启程朝贡大明皇帝。国王亲自率官员入贡，受到了明成祖的热烈隆重的欢迎和

接待。整个京城锣鼓喧天，鞭炮齐鸣，皇城内锦衣卫陈设仪仗，庞大的宫廷乐队高奏起《感皇恩》曲子。

斡剌义亦敦奔国王入乡随俗，一切按照中国礼仪行事。他和其妻子、儿子、大臣身着大明皇朝朝服，跪于殿前，拱手加额，高声三呼成祖皇帝"万岁！"成祖皇帝由翻译官向来贡国王说："国王远道而来，知尊中国，可佩可嘉，皇帝问您一路辛苦了！"

斡剌义亦敦奔国王回答："兹遇中官张谦，钦诣皇帝陛下称贺。我虽然是国人推选出来的，但未受大明的朝命，望皇帝幸赐之。"明成祖当即答应了他的请求，下诏书仍以"古麻朗国"国号封之，并赐以印诰、冠带、仪仗、文绮、纱罗、金织袭衣，赐王妃冠服，赐各陪臣以彩币、衣服、文绮等物。当晚，明成祖在奉天大殿摆设盛宴款待古麻剌郎国嘉宾。

古麻剌朗国王回国途中病亡

古麻剌朗国王一行自此在中国一住半年，1421年春天，起程回国。不料在路过福建时斡剌义亦敦奔国王染上重病，不久即不幸亡故。明成祖特赐谥号"康靖"，下令由礼部主事亲自主办丧礼，并按王公规格在当地营建陵寝。

1424年10月，古麻剌朗国新国王剌为报答明皇朝，派叭谛吉

三等人奉金表笺到京，向大明皇上朝贡珠宝、长颈鹿等物。此后因东南沿海倭寇骚扰和西班牙入侵，古麻剌朗国不再派使臣到中国。时光流逝，转眼5个多世纪过去了。这个古麻剌朗国"康靖"王陵究竟现在何处？

古麻剌朗国国王葬于何地

不少海内外人士历尽艰辛希望寻找到康靖王陵，但终因历史变迁，至今未能查考到王陵原址。据有关报道称康靖王陵当在福州西郊凤凰池北之茶园山一带。

福建省和福州市领导曾多次组织考古工作者去福州市郊踏勘查寻，但均未找到陵址。据凤凰池村老人讲，早年那里确实存在康靖王陵，陵前有石翁仲二，石马、石羊各一，分列在陵墓两

边。石人着明朝朝服，一文一武。陵前有一座石碑，碑文字体如蝌蚪状，无人认识。

1952年，在此兴建福州市传染病医院时，有人目睹石人、石马、石羊从茶园山半山坡上被推土机

推下山来。目击者说康靖王陵呈圆丘形，陵前竖有两根旗杆，即望柱，面积约300平方米，封土系糯米汁、石灰、沙土拌成，非常紧固。但这些文物无一件保留下来。据历史记载，自古麻剌朗国王病殁后，每年清明、重阳时节，明朝政府都派官员前往王陵

祭祀。留在中国守陵的国王陪臣和他们的后代，均由当地政府发给俸薪和廪食。

这些人随着历史岁月的流逝，已与中华民族融合在一起，在中华大地上繁衍生活。至今还能找到陪臣后裔葛氏家人。

葛蔚庵是其始祖，康靖王下葬后他就居住在王陵西边的洪塘镇，当地官府奉朝廷之命发给房屋、田产、俸薪。到明末，葛氏家族中已有不少人出人头地，迁往府城定居。至晚清时散居在杨桥头、宦贵巷、仓角一带，大多从事教书，有一叫葛世枢的还当过光绪皇帝的老师。

现在葛氏家族中仍有不少是教育工作者，有的还以访问学者身份去欧洲讲学。葛福煌老人是当今葛氏家族的嫡传后人，他住在福州仓角头9号。据他说，仓角的葛氏祠堂原存一族谱，由他保管。祠堂面积有100多亩，堂内供有葛蔚庵神像，立有"洪塘葛氏祖宗神位"。

这可以证实葛氏祖先确实生活在洪塘，可惜后来祠堂改建为学校，族谱在动乱中被焚烧。然而，康靖王陵究竟在哪里呢？人们从点滴历史资料和调查访问中只能知道它很可能在福州市郊，至于具体何处是王陵原址，还难以考证。

在线小知识

在我国周边国家里有3位国王到明朝朝贡，病逝于途中，永乐皇帝赐葬于中原，最广为人知的是苏禄王，另外两个是渤泥国王和古麻剌朗国王。古麻剌朗位于菲律宾的棉兰佬。

泰姬陵新说是否有据

泰姬陵的传说

世界七大建筑奇迹之一——

泰姬陵，华丽壮观，气势磅礴，举世闻名。屹立在印度亚格拉近郊亚穆纳河畔，是莫卧儿帝国第五代皇帝沙·贾汗为思念缅怀其宠妃蒙泰姬而建造的一座陵园。

相传，年轻貌美的蒙泰姬19岁就为莫卧儿皇帝生儿育女，共生了14个。1631年，在生最后一胎时，不幸因难产而离世。

沙·贾汗惊悉后，悲痛已极，在病榻前，他曾答应蒙泰姬两项遗愿：一是不再续娶；二是为她建造一座陵墓。此后，世人一直把泰姬陵视为沙·贾汗对爱情忠贞不渝的一个象征。也把它看成是印度莫卧儿伊斯兰文化中的瑰宝。

泰姬陵的巧妙设计

泰姬陵全长583米，宽304米，四周是红砂石墙，整座陵墓占地17万平方米。陵寝居中，东西两侧各建有式样相同的红砂石建筑：一是清真寺；一是答辩厅，对称均衡，左右呼应。

陵的四方各有一座高达40米的尖塔，内有50级阶梯。此塔专

供穆斯林阿訇拾级而上，登高朗诵《可兰经》，高呼安拉，祈祷朝拜之用。

从大门到陵寝有一条用红石筑成的甬道，两旁是人行道，中间有水池和喷泉，池水倒影，奇花异草、灌木浓荫，相互映辉。甬道末端即陵墓所在。整座陵墓建在一座高7米，长95米的白色大理石底基上。陵高74米，上部为一高耸重叠的穹顶，以苍天为背景，轮廓优美；下部为八角形的陵壁，四面各有一扇高达33米的巨大拱门。

门框上用黑色大理石镶有《可兰经》经文。其中有一句为"邀请心地纯洁者，进入天堂的花园"。陵寝内还有一扇精美的门扉窗棂，传说是出自中国工匠的雕刻。

在中央宫室里设有一道雕花的大理石围栏，内置放沙·贾汉和蒙泰姬的两座大理石棺椁，但其真棺则安放于底下的一间地下室内。棺椁上以翡翠、玛瑙、水晶、珊瑚、孔雀石等20余种五颜

六色的宝石镶嵌出精致的茉莉花图案，其工艺之精细、色彩之华丽，可谓巧夺天工，无与伦比。

由于整座陵墓系纯白大理石砌成，因此，一日之中，随着晨曦、正午和晚霞三时阳光的强弱不同，照射在陵墓上的光线和色彩就会变幻莫测，呈现不同的奇景，每逢花好月圆之夜，景色尤为迷人。

总之，陵园的构思和布局是一个完美无比的整体，它充分体现了伊斯兰建筑艺术的庄严肃穆、气势宏伟，富于哲理。那么这一宏伟壮观杰作的设计和建造者是谁呢？

建筑物的艺术风格争议

一说"波斯伊斯兰说"。数十年来，《大英百科全书》的作者一直认为，泰姬陵的建造者是沙·贾汗皇帝。主要设计者是波斯人乌斯泰德·伊萨，由他总揽其事，没有一个印度人参与构思。

二说"欧亚文化结合说"。代表人物是英国旧牛津学派的印度史学家史密斯。他认为，泰姬陵是"欧洲和亚洲天才结合的产物"。因为当时欧洲文艺复兴时代的一些建筑大师，如意大利人吉埃洛米莫·维洛内奥，法国建筑师奥斯汀·德·博尔多均参加了设计，并且在艺术风格上具有西方影响。

此说遭到印度穆斯林史学家莫因·乌德—丁·艾哈迈德的驳斥。后者在1904年写了一本书，题名《泰姬的历史》，完全否认这座具有典型的伊斯兰艺术的建筑物会出自西欧文艺复兴时代大师们的构思。

三说"主体艺术印度说"。持这一看法的学者中，有已故的印度著名史学家马宗达。他说，在探讨这一设计功劳归于谁时，不应忘却印度自身的因素。

泰姬陵的平面图和主要特点不完全是新的，它与苏尔王朝舍尔沙的陵墓和莫卧儿胡马雍的陵墓，在建筑上有师承关系。

就建筑材料为纯白大理石及其上面的宝石镶嵌工艺水平而言，在西印度的拉杰普特艺术中早已存在，不能把此陵的设计和建造完全归功于波斯的影响和支持作用。

考虑到莫卧儿时代对西方已开放，东西方文化交流日趋扩大，西方艺术的某些因素对印度建筑风格带来影响，也是符合历史逻辑的。

可谓各抒己见，莫衷一是。然而，学者与史家的争论并没有到此罢休。

争议再次复燃

1968年，伦敦一家书店出售了奥克教授撰写的《泰姬·玛哈尔是一座印度教神庙圣殿》一书。此书问世后，使人颇为惊讶，于是，争端复起。少数学者开始搜寻论据，试图论证奥克教授之说是否言之有理。

1986年，一个名叫戈德博尔的人写了一本小册子《泰姬·玛哈尔？》。它以一问一答的对话方式，对泰姬陵是否沙·贾汉下诏建造一事，提出种种异议，并作了新的解释。

异议之一是，一些史书记载的建造泰姬陵"动用20000劳力，历时22年"的说法，源出于法国珠宝商人塔维尼埃之口，他在17世纪对印度做过5次访问，回国后写成《印度之行》一书。

但他本人并没有看到泰姬陵的破土动工，也没有目睹它的大功告成，更何况他不会讲波斯语和印地语。因此，他的道听途说之言，令人难以置信。

异议之二是，与塔维尼埃同时代的一些欧洲旅行家，在他们写的游记和报告中，均未提及此陵。

异议之三是，英国一些考古发掘报告书中，也无专门考证泰姬陵的记载，甚至连19世纪末就任印度考古总监的坎宁安勋爵也不曾访问过泰姬陵。

异议之四是，考虑到亚穆纳河河水的涨落，早在建陵前就已经有人修筑河堤与城墙，它们决非沙·贾汉所建。

异议之五是，根据波斯文编年史《帝王本纪》的记载和穆斯林史学家赛·穆·拉蒂夫撰写的《历史上和记述中的亚格拉》一书的说法，"选择陵墓的遗址，原是曼·辛格王公的一座圣殿，但现今已归属其孙子贾因·辛格的财产了。"

戈德博尔得出的结论是：沙·贾汉从未建造泰姬陵，他只是在印度教王公的圣殿的基地上，拆除和搬迁了不符合他需要的东西，进行了改建。

此说颇为新奇，但世人至今尚难以接受和信服。

泰姬陵，全称为"泰吉·玛哈尔陵"，又译泰姬玛哈，是印度知名度最高的古迹之一，在今印度距新德里200多公里外的北方邦的阿格拉城内，亚穆纳河右侧。

在线小知识

历史悬念的震惊揭秘

考古发现档案

乾陵石像为何没有脑袋

石像的头部为何会失踪

位于八百里秦川腹地的陕西省渭北山地，在这巍峨峭拔的群峰中，矗立着数十座我国汉唐帝王的皇陵。其中最为蜚声中外的要数武则天和她丈夫合葬的陵园，即乾陵。

乾陵占地有20000平方千米，规模宏大，气势雄伟。

北面有玄武门，南面有朱雀门，东面有青龙门，西面有白虎门，4个门的石狮挺胸昂首，雄踞于门前。特别引人注目的就是朱雀门外的神道东西两侧，分布着两组石人群像。

这些石人残像高在1.5米至1.77米之间，大小和真人差不多，人们习惯上把这些石像称之为"蕃像"、"宾王像"。

这些与真人大小相仿的石人，穿着打扮各不相同，他们都

136

双双并立，两手前拱，姿态极为谦恭，仿佛在这里列队恭迎皇帝的到来。

但最为奇怪的是，这些石像都是没有脑袋的，这就让人产生了许多的疑问，为什么乾陵会用这些没有头的石像守陵呢？这些石像的头部失踪是人为的呢？还是天灾呢？

不同学者的观点

关于石像没有脑袋的原因，可谓是众说纷纭。

一种说法就是，这些石像的头部是被明朝的百姓砍掉的。在明末初期，有个外国使节到乾陵去游玩，发现自己的祖先竟然被立在这里给唐朝的皇帝守陵，自尊心受到了强大损害，便想把这些石像给毁了。

但是他又怕引起当地民众的不满，于是便想到了一个妙计。他每天晚上都要到庄稼地里践踏粮食，然后和百姓说这都是那些石像做的。要想保护好庄稼和粮食

137

就必须把这些石像消灭掉，砍掉它们的脑袋。当地的群众信以为真，于是一气之下便把这些石像的脑袋给砍掉了。

还有一种说法认为是八国联军侵华时，看见唐乾陵前面立着外国使臣的群像，同样感到有辱他们的脸面，于是就把石像的脑袋给砍掉了。

但是这种说法毫无根据，因为据历史学家考证，当时的八国联军并没有来到乾陵这个地方，哪来的砍石像一说呢？

考古学家的研究

虽然都是民间传说，不能作为依据，但考古学家又进一步对此现象进行了分析，发现可能是自然灾害给这些石像带来了灾难。通过大量资料证明，在明嘉靖年间，也就是1555年的1月23日这一天，在陕西华县一带发生了强烈地震。

由于地震发生在子夜，所以致使80多万人死于这场地震中。

而乾陵距华县只有

100多千米，同样属于震中地带，乾陵也因此遭受到了毁灭性的打击。据专家们推断，这场地震才是造成这61座石像头部断裂的主要原因之一。巧的是，许多陵前的石像石马都是在头部上受损了。

再有就是这些石像的材质不是很结实，由于当时采用的石料中有一些石瑕，所以石像受损的时候，头部是最容易出现问题的。研究人员推断，这61尊石像很有可能是一部分毁于那场大地震中，还有一部分是毁于明末清初的那些战争中。

即使这些石像已经遭到毁坏，但还是可以从它们的形象中发现大唐盛世的景象。

在线小知识

乾陵，是中国乃至世界上独一无二的一座两朝帝王、一对夫妻皇帝合葬陵。里面埋葬着唐王朝第三位皇帝高宗李治和中国历史上唯一的女皇帝武则天，建于684年，历时23年才修建完成。

印加帝国是瘟疫所灭吗

印加帝国的文明

印加帝国文化发祥地在的的喀喀湖畔，虽然在海拔4000米的高原中，但它具有丰富的水量，一片绿茵，阳光充足，是农业立国的最好地方。

在这里，印加人胼手胝足，惨淡经营，以最进步的方法建筑了漂亮宏伟的宫殿，并且遵照日出而作，日落而息的自然法则，男耕女织，休养生息，这是多么安详的一个部落。

印加人信奉太阳教，接受太阳神统治帝国的说法。他们还有进步的政治制度，能够推动完善的法律来治理百姓，绝不以严刑酷法刁难人们。

以农业立国的印加人，早在公元前400年就知道集约栽培法，他们栽培玉米的技术是高超而无人能与之相比拟的，此外印加人在纺织品的生产技术上，更有伟大的突破，各色各样的织法以及各种形态的精致图案，都具巧夺天工的技巧。

由于发掘了金矿，在帝国庄严的宫殿建筑上，四处均镶着金饰品，灿烂耀目，光彩辉煌，但这也同时为其本身带来了灾难。

印加帝国的灭亡

在印加帝国到了多拿卡巴克王统治时，造成了印加无与伦比的盛世，多拿卡巴克王死后，把印加帝国分为两部分，传与瓦斯卡尔和阿达瓦尔巴两个儿子来统治，于是在1532年，手足相残、互不相让的战争种下了自取灭亡的祸因。

"他们在太平洋上，乘坐浮于水面的大房子，掷出快如闪电、声如雷霆的火团，渐渐靠近了。"

正如预言所说，猫眼、尖鼻、红发、白皙的皮肤、蓄着胡须的天使回来了，印第安人甚至没有抵抗，便献出一座空城而全体逃逸了。

其实，他们错了，这一批被误认为神灵的人，是西班牙征服者比萨罗和他率领的180名士兵。

比萨罗深知必须擒获印加帝国的皇帝，方可掳获更多的金银财宝，于是比萨罗和同来的西班牙籍神父商量后，邀请印加皇帝阿达瓦尔巴前来卡萨玛尔卡镇，接受天使的蒙召，阿达瓦尔巴带着2000名壮士，手无寸铁地诚心接受召见，谁知竟然遭受监禁的命运。

比萨罗因禁了皇帝，便将所有珍宝集中，并冷酷地杀死皇帝，以除后患。

贪得无厌的比萨罗在杀死皇帝后，率兵前往印加首都库斯

科，企图搜寻更多的宝藏，然而令人诧异的是，在库斯科城中，无论是宫殿、神庙都空无一物，连称为"太阳的尼姑庵"中百位美女也不知去向，整个库斯科城成了一所死城。

印加帝国的人们以及财富，何以霎时之间消失得无影无踪？至今仍令历史学家们费思难解。

印加人民及财富去了哪里

有一种说法是印加人民自知抵抗不过刀剑锐利、心思狠毒的西班牙人，于是用竹筏载满国王的木乃伊，和国内所有的金银财宝，经向上天祈祷过后，把这些昂贵的宝物沉入250米深的的的喀喀湖中。

然而仔细思考，印加人拥有70000精锐骑兵，难道不敢和180名西班牙人做殊死战，而任由比萨罗横行霸道，却私下做大迁移，逃向不为世人知晓的高山中？这似乎不能令人满意。

如今，许多考古学家在绵延的安第斯山脉中，陆续发掘到许多印加帝国的遗迹，证明印加人确实曾经抛弃辛苦经营的帝国，而在蛮荒的山地中再建王国。

在玛殊比殊，考古学家丙海姆发现了一个洞穴，两边排着雕琢极工整的石块，可能为一陵墓，陵墓上是一座半圆形建筑物，外墙顺着岩石的天然形势建造，契合的巨石间插不进一张纸，墙是用纹理精细的纯白花岗岩方石砌成，匠心独具，颇有艺术价值。

在这山上的墓穴中的骨骸，女性占绝大多数，从其中贵重的明器也表示她们是重要的人物，是否当年"太阳的尼姑庵"中的美女被送到这里，继续为印加帝国祈祷呢？

是瘟疫造成的吗

由于印加人没有发明文字记载，使得遗留下来的问题更具神秘性。又有一些学者根据印加人的记录，大胆推测当时印加帝国虽然拥有高度文明，但却被突袭而来的恐怖瘟疫横扫全国。

然而就算是发生瘟疫，难道当时的西班牙人具有免疫力？即使印加人认命了，纷纷向瘟疫低头，垂首等死，试想1100万的人

口，如何能消灭殆尽？

遗留下来的谜，疑云重重，从而替古代印加帝国的神秘灭亡增添更多色彩。

有没有可能在西班牙人入侵印加帝国时，另一位国王瓦斯卡尔率领着数以百万的印加人深入蛮荒的安第斯山中，以无比坚毅的信念与勇气，在整座山上遍筑藏身的栖息之所，于是一座座宏伟的建筑物在隐蔽的丛林中再现。

当他们养精蓄锐，打算再度恢复印加势力时，一场大瘟疫的侵袭使残存的印加人无力再重振势力，只得继续逗留在丛林中，埋葬死者，消灭遗迹，为了避免再度引起纷争，他们摧毁了高度的文明，企图掩饰当年印加帝国的强盛……然后以最简单的方式，聚集部落为生，形成今日印第安人的祖先呢？

众说纷纭，只有等待历史学家、考古学家们继续发掘史料，寻找证据，搜集线索，集思广益，深入研究，为它寻求一个正确的、令人满意的解释。

在线小知识

印加人是美洲本土最大帝国的统治者。在将近14世纪末的时候，印加帝国从南美洲的南安第斯山脉的库斯科地区开始扩张。但是当1532年西班牙人入侵的时候，扩张就被迫仓促结束。

月亮女神庙是什么样

月亮女神阿苔密斯神庙

公元前21世纪，古代有位著名的旅行家昂蒂帕特，他在土耳其见到世界七大奇迹之一，即月亮女神阿苔密斯神庙。这座结构复杂、规模宏伟的神庙建于公元前560年。

当时的以弗斯是吕底亚王国的工商业中心，地处交通要冲，非常繁华热闹。后来波斯王大流士一世修筑著名的驿道时，即以以弗斯为起点。

以弗斯人非常崇敬月亮女神阿苔密斯。开始，这里只有一座

很小的神庙，在一棵空心树干中放着一尊神像。随着以弗斯的日渐繁盛，在公元前560年修建了这座巍峨壮丽的阿苔密斯月亮女神庙。

庙基长127米，宽73米，有10级台阶。台基四周共有127根19米高的柱子，分两行排列。柱子上面是方形的大理石屋顶。

在前后两面的32根柱子的顶端均有两米多高的金属座，每个金属座上都是讲述一个神话故事的浮雕，整个神庙就是一件稀世的艺术瑰宝。

19世纪60年代，英国考古学家在这里进行发掘时，找到了一些雕柱残片，其中有一块浮雕残片高约100米，上面的人物栩栩如生，现珍藏在大英博物馆中。

月亮女神庙遭遇劫难

以弗斯城里有个叫埃罗斯特拉特的人，一心要做出一件轰轰烈烈的事情使自己名扬天下，结果在公元前356年亚历山大大帝出生的那天晚上，潜入月亮女神庙，放火烧毁了这座驰名全球的建筑杰作。

这个纵火犯被捕获后，法官对其判处了极刑。法官为了不让他的图谋得逞，下令不许提及他的名字，否则也将被判死刑。

2000多年过去了，埃罗斯特拉特这个名字还是被传了下来，不过，它已被当做"疯子"和"精神病患者"的同义词了。

被烧毁的月亮女神庙很快又被重建了起来。

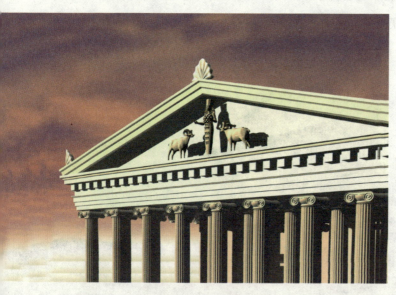

262年，哥特人入侵以弗斯，将月亮女神庙里的财宝劫掠一空，然后付之一炬，把它彻底摧毁了。

作为"世界七大奇迹"之一的以弗斯阿苔密斯月亮女神庙，永远地从人们的视线里消失了。今天在英国博物馆中还保存着月亮女神庙柱子的一些碑石。

阿苔密斯是谁

阿苔密斯女神，正名为阿尔忒弥斯。阿尔忒弥斯是罗马神话中的狄安娜。掌管狩猎，照顾妇女分娩，保护反抗和蔑视爱神的青年男女。曾与孪生兄弟阿波罗一起，杀死迫害其母的巨蟒皮同和羞辱其母的尼俄柏及其子女。

她与阿波罗一样：喜欢森林、草原，因而也是狩猎女神。照神话里的说法，狄安娜身材修长、匀称，相貌美丽，又是处女的保护神，所以她的名字常成为"贞洁处女"的同义词。

据说，她有很多求婚者，但她不愿结婚，宣称自己特别热爱自由，愿意与森林中的仙女们永远生活在一起。因此，在英语中，可用来表示"终身不嫁"或"小姑独处"。

阿尔忒弥斯是万神之王宙斯和暗夜女神勒托的女儿。据说，当阿波罗降生时，天空掀起了万丈金光，阿波罗的眉心嵌着一个耀眼的太阳；当阿波罗出生之后，他又牵出一只闪耀着银灰色柔和光芒的纤纤细手，随即一个修长、曼妙的躯体诞生了。

她全身闪耀着月亮般圣洁美丽的光芒，她的眉心嵌着一个耀眼的月亮，还手拿一把闪闪发光的弓箭，这个月亮与狩猎女神就是阿尔忒弥斯。

在线小知识

月亮女神庙：位于今日的土耳其境内，濒临地中海。当年以弗斯城的居民虔诚信奉月亮女神阿苔密斯，于公元前560年在城内建造了一座气势宏伟结构复杂的月亮女神庙。

真的有诺亚方舟吗

历史悬念的震惊揭秘　　考古发现档案

诺亚方舟的出处

诺亚方舟是出自圣经《创世记》中的一个引人入胜的传说。由于偷吃禁果，亚当夏娃被逐出伊甸园。亚当活了930岁，他和夏娃的子女无数，他们的后代子孙传宗接代，越来越多，逐渐遍布整个大地。后来，因堕落本性的人的怨恨与恶念与日俱增，人们无休止地相互厮杀、争斗、掠夺，人世间的暴力和罪恶简直到了无以复加的地步。

上帝看到了这一切，他非常后悔造了人，对人类犯下的罪孽心里十分忧伤。上帝说："我要将所造的人和走兽并昆虫以及空中的飞鸟都从地上消灭。"在罪孽深重的人群中，只有诺亚在上帝眼前蒙恩。上帝认为他很守本分，他的3个儿子在父亲的严格教育下也没有误入歧途。上帝选中了诺亚一家作为新一代人类的种子保存下来。上帝告诉他们要用洪水实施大毁灭，要他们用歌斐木造一只方

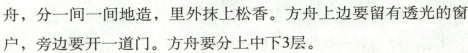

舟，分一间一间地造，里外抹上松香。方舟上边要留有透光的窗户，旁边要开一道门。方舟要分上中下3层。

上帝看到方舟造好了，就说："看呐，我要使洪水在地上泛滥，毁灭天下，凡地上有血肉、有气息的活物无一不死。我却要与你立约，你同你的妻子、儿子、儿媳都要进入方舟。凡洁净的畜类，你要带七公七母；不洁净的畜类，你要带一公一母；空中的飞鸟也要带七公七母。这些都可以留种，将来在地上生殖。"

2月17日那天，诺亚600岁生辰，海洋的泉源都裂开了，巨大的水柱从地下喷射而出。天上的窗户都敞开了，大雨日夜不停，降了整整40天。水无处可流，迅速地上涨，比最高的山巅都要高。凡是在旱地上靠肺呼吸的动物都死了，只留下方舟里人和动物的种子安然无恙。

方舟载着上帝的厚望漂泊在无边无际的汪洋上。上帝顾念诺亚和方舟中的飞禽走兽，便下令止雨兴风，风吹着水，水势渐渐消退。诺亚方舟停靠在阿拉特山。又过了几十天，诺亚打开方舟的窗户，放出一只乌鸦去探听消息，但乌鸦一去不回。诺亚又把一只鸽子放出去，要它去看看地上的水退了没有。由于遍地是水，鸽子找不到落脚之处，又飞回方舟。

七天之后，诺亚又把鸽子放出去，黄昏时分，鸽子飞回来了，嘴里衔着橄榄叶，很明显是从树上啄下来的。再过7天，诺亚又放出鸽子，这次鸽子不再回来了。

诺亚601岁那年的1月1日，地上的水都退干了。诺亚开门观望，地上的水退净了。到2月27日，大地全干了。于是，上帝对

诺亚说："你和妻儿媳妇可以出舟了。你要把和你同在舟里的所有飞鸟，动物和一切爬行生物都带出来，让它们在地上繁衍滋长吧。"于是，诺亚全家和方舟里的其他所有生物，都按着种类出来了。后世的人们就用鸽子和橄榄枝来象征和平。

阿拉拉特山上有方舟吗

《圣经》清清楚楚地记载着诺亚方舟停靠在阿拉拉特山顶，这样，它就给人们留下了一个流传千古的谜：阿拉拉特山上到底有没有诺亚方舟呢？阿拉拉特山位于土耳其、伊朗和前苏联交界的地方，山势陡峭，终年积雪。公元前300年，巴比伦的一个祭司和作家洛贝斯曾在一本书中说，有人曾走近过诺亚方舟。

13世纪意大利著名的旅行家马可·波罗离开我国后，曾实地去过阿拉拉特山，他在日记中记道：诺亚方舟依然停泊在山峰的极顶，那里终年积雪，方舟就淹没于积雪之下。

人类不断寻找方舟

千百年来，不论是历史学家、考古学家，还是探险家、信仰宗教的人，都蜂拥而至，历尽艰难，要寻找那与我们命脉息息相关的方舟。

从1792年开始至1850年、1876年，探险家们屡次登上了阿拉拉特山顶，但不见方舟踪影。1883年，一次大地震使阿拉拉特山的一个地段裂开了一道大口，突然露出了一艘船。

当时有个赴地震灾区考察灾情的委员会的所有人都看到了这艘12米至15米高的大船。这个消息震惊了全世界，从此，寻找诺亚方舟的热潮再次席卷全球。

1955年7月5日，法国探险家费尔南·纳斯和12岁的儿子拉斐尔在一条山缝的底部，找到一块方形的经过加工的木料，经碳-14测定，这块木料已有5000年至6000年的历史，即与公元前4000年建造诺亚方舟的年代是吻合的。

1974年，土耳其卫星在阿拉拉特山再次拍到方舟卫星图片。人们一定要找到方舟，因为它是人类的摇篮，可是找到方舟到底又有何用？也许，诺亚方舟还没有找到，上帝又在密示开始打造下一只方舟了。

第二次世界大战后，苏联马斯科莱茵少校驾驶一架飞机，在阿拉拉特山上发现一艘巨大的木船，船只的一半已没入冰河中，长度大约120米，与《圣经》记载的125米基本吻合。

在线小知识

图书在版编目（ＣＩＰ）数据

历史悬念的震惊揭秘：考古发现档案 / 韩德复编著
. -- 北京：现代出版社，2014.5
  ISBN 978-7-5143-2672-7

  Ⅰ．①历… Ⅱ．①韩… Ⅲ．①考古发现－世界－通俗
读物 Ⅳ．①K86-49

  中国版本图书馆CIP数据核字(2014)第072367号

历史悬念的震惊揭秘：考古发现档案

作　　者：韩德复
责任编辑：王敬一
出版发行：现代出版社
通讯地址：北京市定安门外安华里504号
邮政编码：100011
电　　话：010-64267325 64245264（传真）
网　　址：www.1980xd.com
电子邮箱：xiandai@cnpitc.com.cn
印　　刷：汇昌印刷（天津）有限公司
开　　本：700mm×1000mm 1/16
印　　张：10
版　　次：2014年7月第1版　　2021年3月第3次印刷
书　　号：ISBN 978-7-5143-2672-7
定　　价：29.80元